10万円から始める！

小型株集中投資で1億円

実践バイブル

我用**3**萬月薪,只買

雪球小型股

狠賺**3000**萬

選股達人專挑「1年漲3倍」的小型股，
3萬本金打造100％獲利的
千萬退休金

● ● ●

遠藤洋 Hiroshi Endo

賴惠鈴——譯

有策略的投資，
新手也能安心闖蕩股市！

　　如果你資金有限，只能選一支股票投資，你會不會更慎重的看待？如果以魷魚遊戲中不過關就淘汰的方式投資股票，你應該會拼了命的分析與收集資料吧！

　　市場上股票分析一般會有基本面分析派與技術面分析派，沒有哪一派好或不好，只有看如何以賺錢為目的來運用它，書中把基本面與技術面結合，藉由基本面來找出好的公司，但好的公司不一定股價就會上漲，於是再搭配技術分析來篩選，二樣結合、取各自的優點，找出有機會賺大錢的投資標的，然後專心的為它下功夫。

　　好的交易要有一套好的交易策略，除了知道買也要顧慮到風險，有沒有設定出場的條件？是否還能續抱？等等。這本書不但用基本面說明了買與賣的判斷，也用技術分析的教學做進出場的說明，加上幾個股價需要注意的幾個點位，能有效幫自己做出一套投資系統。

　　本書特別之處還有介紹了「盤中五檔」，判斷買盤與賣盤的分析、如何看買賣盤的訊息，也都有章節特別說明，對盤中五檔有興趣的人可以參考。

　　許多股市投資人被說成是「韭菜」，通常是投資股票時沒策略、憑感覺，能做好股票投資的人都能明白擬訂策略的重要；如果說你是完全的股市小白，看這本書需要多花點時間消化，但如果你是買過股票接下

來想認真學習股票理財的人，或是你有豐富的投資經驗、了解股市知識但交易時也有賺有賠，那這本書會幫你提升功力，引導你學習你可以下功夫的方向，讓你在投資領域上進步。

　　進步不是一蹴可級，如果你是書中說的第 2 級投資人，當你到第 3 級時就是進步；練習訂出你自己的投資策略，多多累積經驗。投資一定會有賺有賠，遵守紀律、心態擺正，你一定有機會進階到第 4 級、甚至第 5 級的投資人的！

「籌碼喬哥的股市學堂」**喬哥**

小本金滾出大獲利，差別在這裡！

有投資策略的人

- 隨時客觀地審視狀況
- 認為只要重複停損與停利，最後有獲利即可
- 一旦開始投資，就會認真研究
- 投資前就知道大致可以獲利多少
- 買賣不帶情緒，而是以投資策略為優先
- 完全不受眼前的股價波動影響
- 澈底做好資金管理
- 投資前就知道大概會賠多少錢
- 股價下跌也在預料之中
- 能具體地說明「買這支股票」的原因
- 事前充分掌握投資企業的體質
- 關心的不是股價，而是線圖及新聞
- 善用推特和網路平台，將其視為了解市場氛圍的管道
- 可以想像持有的股票會成長到什麼地步
- 一有風吹草動就能明快地停損
- 別人推薦的股票也一定會自行調查之後再買
- 一有風吹草動就能明快地獲利了結

沒有投資策略的人

- ▶ 誤以為賺錢是「實力」、賠錢是「運氣不好」
- ▶ 投入超過閒錢的金額在投資上
- ▶ 深信自己買的股票一定會上漲
- ▶ 忘不了過去的成功體驗
- ▶ 沒有做好賠錢的覺悟
- ▶ 別人推薦什麼就買什麼
- ▶ 會買投資客在網路上提到的股票
- ▶ 憑直覺或心情買賣股票
- ▶ 股價一旦下跌就放著不管
- ▶ 在意股價在意到睡不著覺
- ▶ 就算股價上漲也無法判斷什麼時候要賣
- ▶ 很愛看「股市爆料同學會」之類的討論區
- ▶ 情緒隨每天的股價上下波動
- ▶ 股價一旦下跌就認為是買進的好機會
- ▶ 不會停損

目錄

CHAPTER 4　會獲利的投資人，只看這些穩賺資訊

CHAPTER 5　一定要看懂的股價線圖

小資族最適合
投資雪球小型股

 FOCAL POINT

集中投資小型股不是短期的
投機式交易

　　最近不只股票投資，投入 FX（外匯保證金）交易或商品期貨交易、甚至是加密貨幣（虛擬貨幣）等「短期交易」（trade）的投資人愈來愈多。

　　以上這些短期交易是觀察線圖（以「K線」、「成交量柱狀圖」、「移動平均線」等三要素為基準，將股價的波動畫成圖表），每隔幾小時或幾分鐘，有時候甚至是以幾秒為單位不斷地買進賣出，以賺取價差。

　　提到「集中投資小型股」，或許也有人會以為是這樣的交易，但其實不是，完全不是！

　　資金的運用可以大致區分成「投資」與「投機」，短期交易是「投機」，集中投資小型股則顧名思義，是「投資」的意思。

　　相較於短期交易必須時時刻刻盯著價格波動的線圖，不斷地買進賣出，集中投資小型股基本上一旦買進，就得耐心等待公司成長。

　　此外，短期交易賭的是眼前的「價格波動」，集中投資小型股則是賭公司的「未來價值」。換句話說，集中投資小型股是找出具有「成長

空間」（成長動能），未來股價可能會大幅上揚的公司，進行投資。

　　只要那家公司的價值上升，「整塊餅」（＝市值：買下整家公司時的價格）也會變大，屆時所有投資該公司的人都有可能賺大錢，稱之為「正和遊戲（plus sum game）」（sum 是英文「總和」的意思）。

　　另一方面，短期交易（投機）無法讓所有參加遊戲的人都賺到錢；如果有人賺了一百萬圓，背後肯定有人損失一百萬圓，屬於有人賺錢就一定有人賠錢的「零和遊戲（zero sum game）」。

　　不只外匯和期貨，股票或債券的當沖、以幾天到一星期的週期反覆買進賣出的波段交易也是投機的一種。

　　從事的是「正和遊戲」還是「零和遊戲」，幾年後的資產會有相當大的不同。

　　筆者當然更推薦「正和遊戲」而不是「零和遊戲」，但是在「正和遊戲」中，手頭資金有限的投資人如果想更有效率地增加資產，集中投資小型股是最理想的方法。

	股票	投資信託、ETF	外匯交易/期貨交易
投資對象	⑱多		少
投資期間	短～長	長	短
監視的必要性	⑱不用		要
買賣次數	⑱少		多
遊戲方式	⑱正和遊戲	證券公司賺錢的遊戲	零和遊戲
成為大富翁的比例	⑱很多人	沒有	極少數人
投資後	要定期且短期地檢查股價及新聞	⑱幾乎放著不管	必須檢查股價線圖及技術指標
			眼前的價格漲跌
關注的重點	公司的業績有沒有成長	手續費便宜	眼前的價格漲跌

※如果選擇做短期交易的股票投資，則與外匯或期貨並無二致。

FOCAL POINT

用最少時間、
滾出最多獲利的超強投資法

　　我認為人生在世，唯有「時間」是最珍貴的資源。以前我也從事過外匯之類的短期交易，當時清醒的時間幾乎都用來與線圖大眼瞪小眼，深深感受到浪費掉很多原本應該用來享受人生的寶貴時間。

　　2016 年 6 月 23 日，當天英國舉行了脫歐（脫離歐盟）的投票，外匯市場的英鎊從一早就跌得很慘。

　　我盯著電腦螢幕，拚命地預借英鎊、買入日圓，因為波動實在太劇烈了，我根本不敢離開電腦螢幕，甚至還放了約好中午要見面的人鴿子。結果那天只做了幾個小時的短期交易，保證金帳戶的金額就增加了一倍。

　　另一方面，我也覺得自己失去了很重要的東西，情緒十分低落。每天的時間都花在短期交易上，不管賺再多錢，一旦喪失享受人生的寶貴時間便毫無意義。基於這次的經驗，我與短期交易（投機）一刀兩斷，決定只把心力集中在投資上。

　　對於投機與投資都累積了許多經驗的我，最後選擇「集中投資小型股」，認為這是個人可以用最少的時間滾出最多金錢的投資心法。

　　學會集中投資小型股後，我得以實現每年有一半以上的時間都在國內外旅行的理想生活模式；與親朋好友吃飯、喝酒的時候，也不用再提著一顆心，記掛著眼前的股價或經濟指標的動向。

　　為了實現這種生活模式，我找到「集中投資小型股」這個方法後，選擇辭去工作，成為一個專業投資人。

　　我的目標是兼顧「時間上的自由」與「經濟上的自由」，「集中投資小型股」則是我為了實現這個目標所採取的手段。

　　本書將針對如何判讀線圖及盤中五檔（每支股票的買賣盤一覽表）進行稍微深入一點的說明，但這只是為了提高「集中投資小型股」準確度的工具，並不是鼓勵大家從事短期交易。

　　股票市場也有當沖投資客及波段投資客，所以絕對不能對他們的投資判斷及買賣動向置之不理。

　　市場上充斥著各式各樣的投資人，對線圖及盤中五檔若有一定程度的了解，也有助於一面想像自己以外那些看不見的投資人「在想什麼？打算取得什麼樣的部位？」一面思考投資策略。

　　我的前一本著作當中，提到挑選小型股的基本方法和概念，在本書中，除了再次提到挑選和評斷穩賺小型股的方法原則之外，還會更進一步提出技術面和評估方法的判斷，讓各位讀者可以立刻開始實戰，挑選、投入資金，並做出損益多寡、是否該繼續持有等等判斷。

　　那麼就立刻開始吧！

集中投資小型股只需要偶爾檢查一下即可，十分悠閒；短期交易則必須隨時盯著線圖，疲於奔命。

編註：書中金額單位皆為日幣。

CHAPTER 1

股票獲利
的重點，
是看「市值」

養成注意「市值」的習慣，
別只看「股價」

大部分的投資人都只在意「股價」，不太在乎「市值」。然而，市值這把量尺才能精準計算出個股實際上的成長空間。

集中投資小型股是以市值比較低的公司（市值 300 億圓以下）為主要的投資對象，原因很簡單，因為「市值比較低的個股，具有比較大的成長空間」。

豐田汽車（7203）的市值（20 兆圓）規模為全日本最大，如果市值要增加到 3 倍（亦即股價成長為 3 倍），相對就是得要再增加 40 兆圓才行。

營收約 30 兆圓，營業利益約 2 兆 5000 億圓（2020 年 3 月份結算數字）的豐田汽車，期待只花幾年就要讓現在的業績成長好幾倍，將市值增加到 40 兆圓的可能性，可以說是微乎其微。

然而，市值 100 億圓左右的小型股只需要再增加 200 億圓的市值，股價就能翻 3 倍，聽起來並非不切實際。

日本上市公司的本益比（PER）平均為 15 倍上下，這個指標是指如果以現在的市值買下整家公司，只要目前的獲利能維持 15 年，就能收回支付的全部金額。說得單純一點，**本益比比較低的個股比較便宜（划算），尤其是本益比 15 倍以下的個股特別便宜。**

以此為標準來計算，市值如果要增加 200 億圓，只要每年的獲利維持現狀，並再增加 13 億 3000 萬圓即可達陣。

豐田汽車每年的廣告費約 1000 億圓，換言之，倘若這支小型股是廣告公司，只要能爭取到這筆廣告費的 2 ～ 3%，就能達到股價成長為 3 倍的目標。

FOCAL POINT

小型股投資，
最適合小資和散戶

　　集中投資小型股不僅比較容易有成長空間，同時也是散戶（個人投資者）累積龐大資產的最短途徑。

　　我的結論是一般上班族如果要從小額開始投資，幾年下來就想讓資產增加為 10 倍甚至 20 倍的話，集中投資小型股是最快的捷徑。

　　雖然都說是「股票」，但可依市值大致分成「大型股」、「中型股」和「小型股」。日本一共有 3719 家上市公司（2020 年 8 月當時），其中大型股指的是市值、流動性比較高的前 100 支個股，中型股指的是市值、流動性僅次於大型股的 400 支個股，小型股則是除了大型股、中型股以外的所有股票（約 3200 支個股）。

大型股＝（豐田汽車）
市值約 20 兆圓

根本不可能啦……

股價如果要變成 3 倍，
市值也必須再增加
40 兆圓

小型股＝市值 100 億圓

如果想要有高獲利，
果然還是得鎖定具有成
長空間的小型股！

股價如果要變成 3 倍，
市值只要增加
200 億圓即可！

　　這些股票裡，我鎖定的投資標的就是「小型股」（尤其是市值 300 億圓以下的股票）。有的投資人喜歡投資無人不知的大企業股票，**但那種大型股已經成長到相當大的規模，因此成長空間沒有小型股來得大。**

　　投資標的就算現在沒沒無名也無所謂，請選擇接下來能大幅成長、變得無人不知、無人不曉的公司；**投資時最重要的並不是「目前的事業規模」，而是「未來的事業規模」。**

　　今後的成長空間愈大，股價上漲的可能性愈高，可以期待的投資獲利愈大。這也是小型股值得投資的主要原因。

　　投資小型股同時也是最適合散戶的投資策略，運用大筆資金的「避險基金」及日本的年金積立金管理運用獨立行政法人「GPIF」（日本政府退休基金）等法人機構，會因為他們自己的買賣導致股價劇烈變動，所以也不太能投資小型股。

　　另一方面，如果是可運用資金遠比法人少的散戶，就能輕鬆地投資這些小型股。

△大型股、中型股＝規模已經太大了，沒什麼成長空間。
◎小型股＝規模還很小，非常有成長空間！

FOCAL POINT ——————————————

小資散戶請注意：
集中投資才是降低風險！

　　除了選擇小型股之外，我的選股策略還有一個重點，就是要「集中投資」。

　　請各位想像一下，假設你有小孩，在資源相同的狀況下，「同時養十個小孩」和「只養一個小孩」，哪一邊能照顧得比較好？

　　當然是只養一個小孩吧！投資股票也是相同的道理。

　　同時分散投資多支個股的話，無論如何都會產生「無法面面俱到」的問題。尤其對於平時有正職的小資族來說，還得忙正職的工作，不可能像專業投資人那樣時時注意股市狀況，因此投資標的愈分散，愈無法好好地照顧到每一支股票。

　　投資標的數量依可運用的金額而定，但無論如何，散戶最好還是採取「集中投資」的方法。

　　如果分散投資太多支個股，選擇個股及收集資料就會變得很龐雜。**可是如果規定自己「只能選定一支股票投資」，就會更慎重地調查個股的背景，投資後也會更仔細地收集資料。**

　　原本是打算以分散投資來降低風險，沒想到因為照顧得不夠周到，風險反而更大，這也是我建議集中投資的原因。

　　在投資的世界裡，大家都說「別把雞蛋放在同一個籃子裡」，比起單壓一支個股，藉由分散投資於好幾種產業（類股）、好幾個市場（國家）、多種資產組合（不只國內的股票，還有國外的股票及國內外的債券）來降低投資整體的風險，可說是業界的常識。

　　這點對於可運用資產以數億圓為單位的投資人或法人來說是對的，

可是對於頂多只能投資幾十萬圓乃至於幾百萬圓的散戶而言，集中投資才能降低風險。像我這種想把資產增加到十倍甚至一百倍的散戶，我的建議就是：

「請把所有的雞蛋放在同一個籃子裡，不過，要裝在哪個籃子裡則要非常謹慎地挑選！」

 FOCAL POINT

邁向財務自由的投資五階段

集中投資小型股時，為了提升績效，必須事先了解自己身為投資人的「等級」，明確地認清自己的目標在哪裡。

下一頁的金字塔將投資人的等級分成五個階段，我猜大部分的讀者恐怕多半都還在 1 ～ 3 的等級。能持續獲利的投資人都是等級 4 以上，請以此為目標。

然而，等級 3 與等級 4 之間，存在著難以跨越的鴻溝。無論投資經驗再豐富，只要面對投資的思考邏輯不正確，就無法跨過這條鴻溝。

反過來說，只要思考邏輯沒錯，就能在短時間內跨越這條鴻溝，到達等級 4，我希望透過這本書，傳達給大家達到等級 4 的關鍵投資思維。

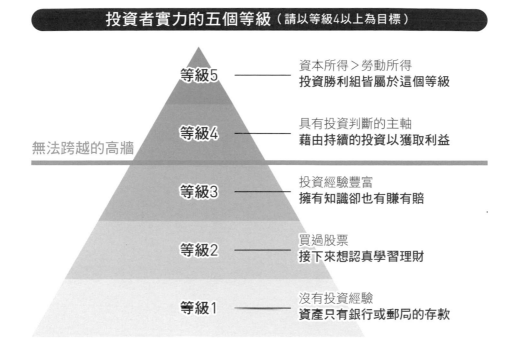

投資者實力的五個等級（請以等級4以上為目標）

等級5 ── 資本所得＞勞動所得
投資勝利組皆屬於這個等級

等級4 ── 具有投資判斷的主軸
藉由持續的投資以獲取利益

無法跨越的高牆

等級3 ── 投資經驗豐富
擁有知識卻也有賺有賠

等級2 ── 買過股票
接下來想認真學習理財

等級1 ── 沒有投資經驗
資產只有銀行或郵局的存款

 FOCAL POINT ────────

「穩賺」與「賠錢」的差別

為了以到達等級 4 以上的投資勝利組為目標，我會用淺顯易懂的表格為各位整理出等級 3 以下的投資人與穩賺勝利組在行為模式上的差別。

一言以蔽之，等級 3 以下的投資人在投資的時候「重視感覺」，等級 4 以上的投資人「重視策略」。

都說「人是感情的動物」，因此就算自以為冷靜沉著、保持平常心，還是很容易在無意識的情況下依感情或感覺來判斷事物。

中午要吃什麼、要看什麼電影⋯⋯如果是這種微不足道的小事，當

場憑感覺判斷倒也沒什麼問題，但投資如果交由感覺判斷，很可能會以慘賠收場。

至於在收集資料方面，等級 3 以下的投資人通常會憑感覺來收集一切有利的訊息；另一方面，等級 4 以上的投資人在取捨選擇資訊時則有明確的標準。

至於投資手法，等級 3 以下的投資人很容易使出千奇百怪的手法，最後仍是竹籃打水一場空，等級 4 以上的投資人會利用自己擅長的手法進行投資。

除此之外，投資勝利組與輸家最大的差別在於「眼界大小」。

等級 3 以下的投資人很容易只看見自己持有的股票，但等級 4 以上的投資人除了自己持有的股票以外，還具有退一步俯瞰大局、試圖理解「其他的投資人會怎麼判斷」和「股價會因此產生什麼波動」的能力。

	投資的輸家	投資勝利組
停損	容易感情用事地死不認賠	有明確的法則
選擇個股的方法	試圖搭上時下流行的順風車	慎選自己熟悉的領域
正在做的投資	投資什麼都貿然出手 又做到一半	慎選自己擅長的標的
解讀新聞的方法	會看所有的新聞	除了重要的新聞以外 都隨便看看
使用「公司季報」的方法	從第一頁全部看過一遍	在目的明確的情況下閱讀

	投資的輸家	👑 投資勝利組
投資的時機	覺得事到如今已經太晚了不敢下手	遵循投資策略採取行動
當股價的漲跌與想像中不同時	憑感覺行動	有明確的法則
如何面對重要的訊息	照單全收	自行求證、分析訊息
聽到別人推薦股票時	認為已經太遲了什麼也不做／什麼也不想就買進	自行調查後再行判斷
投資的風格	堅持自己的那一套方法	模仿成功賺大錢的人
投資的股票大幅上漲時	想像要用賺到的錢買什麼	冷靜地思考賣點
發生意料不到的狀況時	認為是環境或別人的錯	事先想好會發生意料不到的狀況
買東西時	斤斤計較地尋找最便宜的價格	只賞價值比價格高的東西
時間與金錢的優先順序	比起時間、更想省錢	比起省錢，更想省時間
看書時	會說「這種事我早就知道了」	會尋找對自己有益的資訊
PER（本益比）PBR（股價淨值比）	針對指標追求簡單的答案	認為指標頂多只能當參考
慘賠的時候	下定決心再也不投資了	思考不會重蹈覆轍的方法
接到證券公司打電話來推銷時	聽對方說完再決定要不要買	認為對方正因為產品賣不出去而發愁

FOCAL POINT ─────────────

你的「投資策略」是「憑感覺」嗎？

你是不是也憑藉著無可無不可的感覺，胡亂投資？大部分投資股票失利的人都是因為這樣。

一時運氣好，股價上揚，稍微有一點未實現利益，就急著落袋為安，「趁有賺錢的時候趕快賣一賣」。相反地，即使股價下跌，出現帳面損失，也很容易基於謎之自信「遲早一定會漲回來」而死抱著不賣。

想當然耳，像隻無頭蒼蠅似地胡亂投資，整體而言一定會賠錢，大部分散戶因此不得不從股票市場黯然退場也是實情。

再怎麼厲害的專家，投資股票也不可能百戰百勝。即使因為判斷錯誤而稍微蒙受損失，只要能夠賺到足以彌補那個缺口的利潤，整體而言就是股市的贏家。

看懂股價的趨勢，讓未實現利益最大化，反之，如果有帳面虧損就趁早停損，力求損失最小化，這才是投資股票最基本的心法，只可惜大部分投資的輸家都是反過來操作。

 FOCAL POINT ─────────────

符合這三種條件，就要立刻買進！

投資股票時，「不投資」的判斷遠比「買」跟「賣」還多。

投資股票和打棒球不同，沒有「站著不動被三振」，也就是說，不管眼睜睜地看著球進壘沒揮棒（沒有投資）、因此被三振多少次，都不

會蒙受損失。

　　看到失之交臂的股票價格上漲，或許會後悔「當初為什麼不投資……」，但只要當成「早知道就該買的教訓」，繼續累積投資經驗，運用在下次的投資判斷上，就不算失敗。

　　不管錯過再多次機會，都能藉此看出「上升趨勢」、「盤整趨勢」、「下降趨勢」的差異，日積月累，磨練投資判斷的準確度。

　　話雖如此，還是希望能一開始就盡可能避免損失、產生利益。因此接下來將為各位介紹「一旦湊齊這些條件，就該立刻買進」、「如果符合這個條件則要按兵不動」的投資判斷標準。

　　要找到符合所有條件的個股並非易事，或許會因為遲遲無法投資而感到焦慮，但基於「將所有可能的損失降到最低」的想法，也必須放棄不合條件的投資標的。

「符合必買條件！」的三大重點

☑ 具有股價成長 3 倍（＝市值成長 3 倍）的潛力

☑ 商品、服務的需求夠高

☑ 股價剛開始因為「營收」增加而上漲

☑ 〈條件1〉具有股價成長3倍（＝市值成長3倍）的潛力

因為「股價 3 倍＝市值 3 倍」，市值 100 億圓的公司如果要成長到股價 3 倍（市值 300 億圓），就必須另外向世人提供 200 億圓的價值。換言之，重點在於該公司需具備業績（尤其是利潤）成長為現在 3 倍的潛力。

☑ 〈條件2〉商品、服務的需求夠高

為了讓公司的業績提升 3 倍，該公司的商品、服務就必須賣出現在的 3 倍。大部分的消費者是否「想要」該公司推出的商品、服務呢？正因為這個問題十分單純，更要冷靜地搞清楚本質上的重點。

☑ 〈條件3〉股價剛開始因為「營收」增加而上漲

所有人都想買在股價上漲前的谷底，但現實是沒有人知道哪裡才是谷底。當股價隨著成交量（單日成交的股數）上升時，才是真正的最佳買進時機。簡而言之，只要買進「處於持續上漲趨勢的個股」就行了。

或許很難找到同時能滿足這三個條件的個股，也就表示，一旦發現這種類型的個股，就是投資的好機會。

FOCAL POINT ────────────────

這三種股票，絕對不能買

接下來是投資股票時為了盡可能避免損失的重點，這裡所說的損失也包含「機會損失」（Chance Loss ＝損失本來應該可以得到的利益）。

「只要有一個條件符合就跳過！」的三大重點

- ☑ 沒有股價成長 3 倍（＝市值成長 3 倍）的潛力
- ☑ 股價幾乎不動
- ☑ 股價短期內已經漲一波了

☑ 〈條件1〉沒有股價成長3倍（＝市值成長3倍）的潛力

如果一支股票幾乎沒有「股價成長 3 倍＝市值成長 3 倍」的潛力，最好不要投資。投資本來就伴隨風險，花 100 萬圓買股票，等於也同時背負損失 100 萬圓的風險。雖然不太可能血本無歸，但是背負著虧本的風險，如果期待值只有＋ 10％或＋ 20％就太不划算了。既然要背負風險投入珍貴的財產，至少要把投資對象鎖定在股價能成長 3 倍的個股才行。

✅ 〈條件2〉 股價幾乎不動

　　股價不動如山，或許會讓人以為是抄底的好機會。然而，再有潛力的個股，如果沒有投資人注意到這支股票並實際下單買進，股價就不會上漲。投資以後，股價遲遲沒有動靜，耐不住性子賣掉後，股價卻又上漲了。公司再有潛力，如果股票得不到投資人的青睞，不妨列入「上漲以後再買的清單」，這種個股等受到矚目、開始上漲之後再買也不遲。

✅ 〈條件3〉 股價短期內已經漲一波了

　　除非股價上漲的原因真的是因為業績大幅度提升，否則股價在短期內上漲的個股都常都伴隨著急跌的風險。如果股價剛開始上漲的時候不慎錯失購買的良機，或是股價已經上漲一個禮拜左右，就不要再戀棧在網路社群上炒得沸沸揚揚的股票，這時已經有許多投資人持有這些個股，他們都在觀察什麼時候要獲利了結（賣出），因此股價下跌的風險也跟著水漲船高。

這幾種股票不能買！

有錢人都會買股票

　　根據瑞士的大型金融機構「瑞士信貸集團」的「全球財富報告」（2019 年版）指出，全世界人口的區區 1%（最富裕人口）即占有 44% 的全球財富，光是前 10% 的人口就占了 82% 的財富。另一方面，占全球人口半數以上的低所得人口所持有的財富居然只有 1.8%。

　　極少數的有錢人掌握了全世界絕大部分的財富，就是這個世界的現實。以下讓我們看一下美國經濟雜誌《富比士》每年發表的〈全球富豪榜〉與〈日本富豪榜〉（2020 年資產額）。

全球富豪榜		
第1名	1130億美元	傑佛瑞・貝佐斯　亞馬遜（美國）
第2名	980億美元	比爾・蓋茲　微軟（美國）
第3名	760億美元	貝爾納・阿爾諾　LVMH（法國）
第4名	675億美元	華倫・巴菲特　波克夏・海瑟威公司（美國）
第5名	590億美元	勞倫斯・艾利森　甲骨文（美國）
第6名	551億美元	阿曼西奧・奧蒂嘉　印地紡〈ZARA〉（西班牙）
第7名	547億美元	馬克・祖克柏　臉書（美國）
第8名	546億美元	吉姆・沃爾頓　沃爾瑪（美國）
第9名	544億美元	愛麗絲・沃爾頓　沃爾瑪（美國）
第10名	541億美元	羅布森・沃爾頓　沃爾瑪（美國）

日本富豪榜		
第1名	2兆3870億圓	柳井正　迅銷集團
第2名	2兆1940億圓	孫正義　軟銀集團
第3名	2兆1190億圓	瀧崎武光　基恩斯
第4名	1兆60億圓	佐治信忠　三得利控股
第5名	6320億圓	高原豪久　嬌聯股份有限公司
第6名	5780億圓	三木谷浩史　樂天
第7名	5030億圓	重田康光　光通信
第8名	4390億圓	毒島秀行　SANKYO
第9名	4280億圓	似鳥昭雄　宜得利
第10名	4170億圓	森章　森信託

　　這些資產家都有一個共通點，那就是都「持有股票」。像是傑佛瑞・貝佐斯（亞馬遜創辦人）及拉里・佩奇（Google 共同創辦人，2020 年度〈全球富豪榜〉第 13 名）、孫正義（軟銀創辦人）都擁有自家公司的股票，而華倫・巴菲特（波克夏・海瑟威是美國的投資公司）則是投資其他公司的股票。

　　無論如何，他們都持有大量的股票，構成巨額的財富。

　　我想就算調查全球前一萬名企業家，應該也是所有人都持有股票，可見股票具有建立龐大資產的能力。

　　觀察上述的事實，如果想白手起家，「持有股票」應該是避無可避的選擇；如果想成為有錢人，應該思考的是「如何持有接下來股價會上漲的個股」。

以下假設這些美股剛上市時就買進 100 萬圓，時至今日的股價將上漲到多少。

 如果上市後立刻投資 100 萬圓，現在會變成多少錢？

- 微軟…20 億圓
- Adobe Systems…17 億圓
- 亞馬遜…13 億圓
- 思科系統…6 億圓
- 蘋果電腦…5.5 億圓
- 耐吉…4.8 億圓
- 網飛…3.8 億圓
- 星巴克…2.2 億圓
- eBay…1.3 億圓

※ 以上為 2020 年 8 月統計資料

事實上，除了經營者以外，能從上市後一直抱到現在的人或許鳳毛麟角，但已經可以看出股票具有能讓資產增加、翻倍再翻倍的威力。

世界富豪的共同點，就是「都有買股票」喔！

CHAPTER 2

挑對
雪球小型股
的投資策略

FOCAL POINT

「放到什麼時候」、
「漲到多少錢」的思考陷阱

冒昧請教，你喜歡旅行嗎？

如前言所述，我每年有一半的時間都在國內外旅行。旅行可以漫無目的地走到哪裡算哪裡，但是如果事先擬定計畫，觀光起來會比較順利，也能避免意想不到的麻煩。

同樣的道理，只要事先準備好「投資策略」，就能壓倒性地提高投資股票的成功率。然而實際上，絕大多數的投資人都是漫無目的地亂槍打鳥。

不同於「今天的午餐要吃什麼」這種一千圓左右的抉擇，要投資幾十萬圓乃至於幾百萬圓的金額，就算亂槍打鳥地運氣好賺了一點錢，也只是一時的幸運，最終有很大的機率會害資產大幅縮水。

事實上，開始投資沒幾年就從股票市場黯然退場的投資人多如牛毛，該怎麼做才能不要變成那種人呢？

第一步是先想想，是否要以「放到什麼時候」和「漲到多少錢」為目標呢？舉例來說，假設先以「1 年後」和「股價漲 3 倍」為目標，會出現以下的狀況：

要是股價能如願地上漲到目標價格，當然一點問題也沒有，但目標終歸只是目標，實際上通常沒有那麼順利。

還以為股價會上漲才買，可是卻像坐溜滑梯似地一路下跌，再不然就是沒完沒了地橫向盤整，眼看其他股票都在漲；或是買進之後，股價第二天就開始暴跌的可能性也是很常見。

「投資策略」就是事先決定好，當設定了像是「1 年後」、「漲 3 倍」

的目標，卻遇到像這種時候「該怎麼辦？」也可以說是事先寫好各式各樣的劇本，將「意外狀況」減到最低點。

　　如果是亂槍打鳥的投資人，通常都等到股價下跌才開始思考「要不要停損？」可是只要能事先預料到股價可能會下跌的情況，想好該怎麼應付就不會慌亂了。

「放多久」、「漲到多少」的目標，只是基本

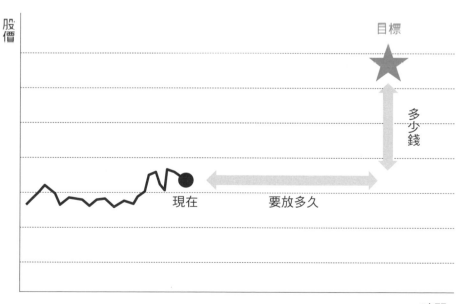

FOCAL POINT

投資前，
一定要思考四個穩賺重點

接下來，我們再思考一下更具體的投資策略吧！

假設想投資某支股票，不妨先分成四個觀點方向，分別檢查以下的項目：「整體的投資概念」、「股價如預料中上漲時」、「股價的漲幅不如預期時」和「股價出乎意料地下跌時」。

方向 1 ▶ **整體的投資概念**

☑ 投資的理由是？

☑ 其所展開的事業市場規模為？

☑ 投資期間要抓多長？

☑ 市值的上限是多少？

☑ 市值的下限是多少？

☑ 可以承受的虧損範圍是幾 % ？希望有幾 % 的獲利？

☑ 投資的期待值是否為正值？

方向 2 ▶ **股價如預料中上漲時**

☑ 在什麼情況下要繼續持有股票？

☑ 在什麼情況下要賣掉股票？

方向 3 ▶ 股價的漲幅不如預期時

☑ 在什麼情況下要繼續持有股票？

☑ 在什麼情況下要賣掉股票？

方向 4 ▶ 股價出乎意料地下跌時

☑ 在什麼情況下要繼續持有股票？

☑ 在什麼情況下要賣掉股票？

☑ 什麼時候又要不顧一切地賣掉股票？

請以四個大方向來一一檢查這些項目，事先想好所有投資後可能要考慮到的問題，而不光只是以持有時間和預期股價數字來當作目標。

這麼一來，投資後只要以上述自己曾經思考過的答案做為投資判斷的標準即可，不需要再為眼前的股價漲跌時而欣喜、時而憂慮。

∷ 選股達人小叮嚀

在投資之前，先訂出這些「規則」，不管漲跌，才知道如何把損失降到最低，讓獲利最大化。

FOCAL POINT ────────────────────

必須修正投資策略的重大狀況

　　即使擬定了投資策略，卻沒有堅持到底而破功的失敗案例也很多。最常看到的失敗案例是已經超出「市值的上限」，卻還貪心「好像還會再漲，再持有一陣子吧」的人。

　　「好像還會再漲」這種毫無根據的想法，會影響冷靜的判斷，錯失好不容易能獲利了結的好機會。

　　從結論來說，請堅持自己當初擬定的投資策略，堅持投資策略的結果；就算結果不如所願，只要改善投資策略，下次再賺回來就行了。

　　藉由這樣的反覆試行錯誤，來提高投資策略的準確度。如果不能堅持投資策略，從頭到尾都感情用事地亂投資，就無法將投資經驗運用在後來的投資上。

　　不過，也有些例外的情況，需要修正投資策略。

　　如下一頁所示，如果發生足以顛覆投資策略前提的狀況，就必須修正成新的策略。

　　反過來說，只要沒發生足以顛覆投資策略前提的狀況，就不能變更投資策略。

發生這些狀況，一定要修正投資策略

老闆遭逮捕	大股東賣股票	業績突然惡化
足以左右業績的官司敗訴	商品需回收	病毒蔓延
修法	最高法院的新判例	恐怖活動或戰爭
做假帳	偽造數字	大型的天災
大企業破產	各國政府發表方針	發明新技術
人類的行為產生劇烈變化	財報下修	出現強大的競爭對手、商品、服務
董監事換人	宣布合作案	除此之外足以影響事業的現象

FOCAL POINT

半年後預期能賺50%，可以買嗎？

　　一邊檢討自己從四個方向訂下的投資策略，衡量出投資的「期待值」，例如以下這樣：

　　「順利的話，似乎可以將目標訂為股價在半年內漲到 1.5 倍。但股價這幾天已經漲翻天了，萬一下週公布的財報不如預期，股價也可能會暴跌到只剩下一半。」

這套劇本換個方式來說，就會變成這樣：

「承受股價在一週後可能會－50％的風險，瞄準半年後獲利＋50％的投資。」

從結論來說，這種股票最好不要碰。

因為風險和獲利都是正負 50％的話，大家可能會覺得這不是損益兩平嗎，但是從「一週後虧損」與「半年後獲利」的時間軸來看，這項投資完全不划算。

明明風險那麼高，才短短一週就會虧損，要取得相同的報酬居然得等上半年，考慮到時間成本，整體的期待值其實是負值。

另一種投資策略是想像以下的劇本：

「根據下週公布的財報，將目標訂為股價短期內漲到 1.5 倍。因為是還沒有受到矚目的個股，就算財報不如預期，應該也不會突然被大量賣出。就算股價會下跌，半年頂多跌到－50％吧。」

這套劇本換個方式來說，就會變成這樣：

「承受股價在半年後可能會－50％的風險，瞄準一週後獲利＋50％的投資。」

從結論來說，這種投資可以做。

風險和獲利跟上一個例子一樣，都是正負 50％，**但是從「一週後獲利」與「半年後虧損」的時間軸來看，期待值為正值。**

像這樣從期待值的正負幅度與時間軸來思考，「相較於預料之中的風險，可以得到多少獲利？」就能做出倘若期待值為正值即可投資的判斷。**相對的，倘若期待值為負值，做出「不投資」的判斷也很重要。**

FOCAL POINT

這支股票,如何決定投資策略?

在了解如何擬定自己的投資策略之後,接下來就用已上市的個股實際狀況,來實踐策略看看。

以經營漫畫應用程式 APP「漫畫 BANG!」在東證 Mothers 上市的「Amazia」(4424)的各種數據為參考,一起思考看看,如果是你,會如何決定這支個股的投資策略吧!

時間:6 個月　類型:日 K

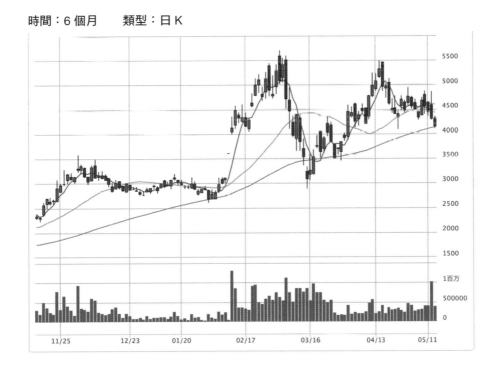

註:market of the high-growth and emerging stocks 的縮寫,為東京證券交易所旗下的創業市場,又稱東京證券高成長新興產業股票市場

股票名稱	Amazia
結算	9月
成立日期	2009.10
上市日期	2018.12
特色	經營免費閱讀的漫畫應用程式「漫畫BANG!」透過廣告及部分課金賺錢,也推出投稿服務。
主力事業	漫畫應用程式 100〈19‧9〉
業種編號	5250
業種名稱	資訊、通信業
內部增資	免費閱讀知名漫畫的服務大受歡迎,每位用戶課金的金額超出起初預料的程度,擴大課金收入。廣告收入也因為提高單價而順勢成長。版權費等成本增加,也需要廣告費用、開發新軟體的前期投資。營業收入將比前期更多。
開拓女性市場	針對女性客源,以電子漫畫為軸心,推出好幾種打發閒暇時光的娛樂軟體推遲到6～7月上市。先鎖定最賺錢的黃金週,增加可免費閱讀的知名漫畫。
總公司	150-0036 東京都澀谷區南平台町2-17日交澀谷南平台大樓
電話號碼	TEL 03-6415-3435
員工人數	〈19.12〉19名（32.6歲）[年] 573萬圓
業種	通信服務業　市值排名26/106家公司
證券	[上] 東京（Mothers）[幹]（主）日興（副）SBI、一吉證券、岩井日星證券、岡三[名] 三井住友信託[藍] EY新日本
銀行	三井住友、瑞穗、樂天、三井住友信託
網址	https://amazia.co.jp/
發行股數	1/31 3,328股 市值326億圓
供應商	MEDIA DO
客戶	Apple
生產力比較	員工人數業界第一,每個人的平均稅後淨利為8,293萬圓（一倍）
雇佣條件	初‧‧萬圓 預0 內定0（女0）中途7
比較公司	3658 ebook、3981 Beaglee、7035 and factory

2020 年 3 月 16 日統計

【業績】	營業收入	營業利益	稅前淨利	稅後淨利	每股盈餘（圓）	股東股利（圓）
單17.9*	1,171	-25	-27	-29	-10.0	0
單18.9	1,375	78	77	94	31.8	0
單19.9	3,386	416	396	303	93.5	0
單20.9*預	6,400	680	680	480	144.2	0
單21.9*預	7,500	750	750	510	153.2	0
單18.10～3	1,314	180	163	126	40.0	0
單19.10～3預	3,000	350	350	240	72.1	0
單18.10～12	575	76	62	53	17.5	0
單19.10～12	1,641	296	293	200	60.3	0
會20.9預	5,857	547	542	368	-	(19.11.6)

單位：百萬圓

配	配　金（円）
16.9	0
17.9	0
18.9	0
19.9	0
20.9預	0
預估殖利率	％

BPS（圓）
〈單19.12〉

359.9	（291.2）

2020年3月16日統計

【財務】〈單19.12〉百萬圓	
總資產	1,986
自有資本	1,178
自有資本比率	59.3%
股本	345
未分配盈餘	492
計息債務	5

【股東】[單] 1,261人〈19.9〉百萬圓	
股東名稱	持股數、持股比例（%）
佐久間亮輔	120（36.2）
江口元昭	80（24.1）
高盛	20（6.1）
MEDIA DO HLD	13（4.2）
日本Trustee信託帳戶	13（3.9）
BNY GCM Client JPRDISGFEAC	8（2.4）
江口弘尚	6（1.6）
VOYAGE VENTURES（股份有限公司）	5（1.6）
日本Master信託帳戶	4（1.3）
KBL European PB107704	4（1.2）
〈外資〉10.2%	〈流通在外比例〉10.7%
〈投信〉5.6%	〈董監事及大股東持股比例〉83.0%

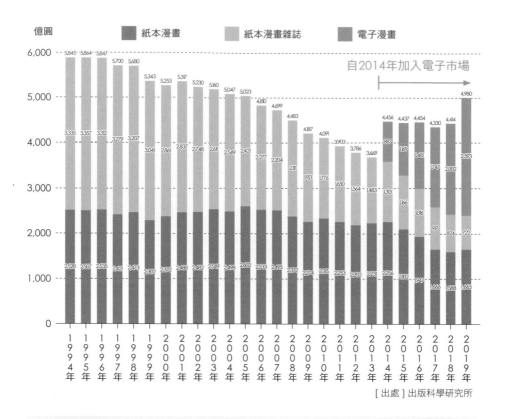

[出處] 出版科學研究所

方向 1 ▶ **整體的投資概念**

☑ **投資的理由是什麼？**

營業收入由 14 億圓、34 億圓到 64 億圓，呈倍數成長，電子漫畫的市場也逐年擴大。營業收入很可能一口氣擴大到幾百億圓的規模（因為 COVID-19 不得不待在家裡也增加了需求）。市值若超過 300 億圓以上，以小型股來說，規模是大了點，或許無法期待變成十倍股（ten-bagger），但股價要漲 3 倍倒是綽綽有餘。董事長就是最大的股東，與投資人的利害一致，這點更有助於股價上攻。我有朋友實際用過「漫畫 BANG ！」，給予很高的評價，可以感受到商品的潛力與高度的需求。

☑ **其事業的市場規模為？**

漫畫市場（2019 年）為「紙本＋電子」共 4980 億圓（比前一年增加了 12.8％），其中「紙本」占 2387 億圓（比前一年減少了 1.0％）、「電子」占 2593 億圓（比前一年增加了 29.5％）。電子漫畫的市場占有率成長到 52.1％，終於贏過紙本的市占率，而且還在迅速成長中。

☑ **投資期間要抓多長？**

假設可以在近期高點的 5500 圓獲利了結，大約抓 1～2 個月。如果超過 5500 圓，且直接進入持續上漲的趨勢，可以抓 3 個月～半年左右。

☑ **市值的上限是多少？**

依電子漫畫市場的成長速度而定，目前大約是 500 億～1000 億圓。

☑ **市值的下限是多少？**

以近期低點約 3000 圓來計算，短期大約是 200 億圓。

☑ **可以承受的虧損範圍是幾％？希望有幾％的獲利？**

相較於日 K 的長期移動平均線為 4135 圓，現在的股價是 4155 圓，因此只要未來持續保持上升趨勢，就是最佳的壓回買點。接下來的股價如果跌破 4000 圓，且 2～3 天都沒有漲回去，就要停損，往上可以期待突破最近 3 個月的高點 5500 圓。假設將停損的價格設定為 3800 圓，在 5500 圓左右落袋為安，算式如下：「現在 4155 圓，停利 5500 圓（＋32.0％）、停損 3800 圓（－8.5％）」。

☑ **投資的期待值是否為正值？**

由於是承受－8.5％的風險，追求＋32.0％的獲利，期待值是很高的正值。

方向 2 ▶ **股價如預料中上漲時**

☑ **在什麼情況下要繼續持有股票？**

－規模保持現狀，且業績繼續成長時

－股價線圖保持上升趨勢時

－業績的預測向上修正時

－開始推行新事業時

☑ **在什麼情況下要賣掉股票？**

－股價在短期間內大漲時

（例：連續兩天漲停板／ 3 天內突然漲＋ 30%）

－超過目標股價（5500 圓）時

－市值在半年內超過 500 億圓時

－股價線圖的上升趨勢受到破壞時

（跌破中期移動平均線時）

－新的下載次數或使用者人數的成長開始鈍化時

方向 3 ▶ **股價的漲幅不如預期時**

☑ **在什麼情況下要繼續持有股票？**

－業績順利成長時

－股價在日 K 的長期移動平均線上推移時

－受到整個市場惡化的影響，股價橫向盤整時

☑ **在什麼情況下要賣掉股票？**

－業績的成長陷入瓶頸時

－ 3 條移動平均線糾纏在一起時

－股價超過 1 個月沒有動靜時

方向 4 ▶ 股價出乎意料地下跌時

☑ **在什麼情況下要繼續持有股票？**

－股價一旦跌破長期移動平均線就馬上漲回去時

－還沒碰到事先設定的停損價位（3800 圓）時

☑ **在什麼情況下要賣掉股票？**

－碰到事先設定的停損價位（3800 圓）時

☑ **什麼時候又要不顧一切地賣掉股票？**

－發現財報造假時

－大股東董事長在沒有正當的理由下開始賣出手中持有的股票時

－市場上出現顯然贏不過對方的強大競爭對手時

－平台方撤下應用程式時

－通過對電子書市場壓倒性不利的法律時

－發生程度嚴重到生意很難再繼續做下去的天災人禍時

－判斷用手機看漫畫的文化無法再繼續普及時

　　以上的評估內容中，雖然有些難以理解的股票術語，本書後面會加以說明，不用擔心。

　　如此這般，事先想好股價的波動，等到實際投資後，無論發生什麼事，都能不慌不忙地應對。

　　熟悉如何擬定投資策略後，就不會發生太多意料之外的狀況，虧損及獲利也都在預期的範圍內，這就是投資人應該努力的方向！

　　在擬定投資策略前，本來就應該澈底了解想投資的公司。除了該公司提供的服務內容外，也必須事先充分地調查清楚「市場規模」、「競爭對手」、「股東結構」和「事業風險」等等。

　　正因為如此，才要「集中」投資小型股，並非為了分散風險而隨意

分散投資許多個股，而是仔細地調查每一支股票，小心翼翼地投資，藉此提高成功機率。

如果以工作或興趣等等，自己感興趣的業種為投資對象，還能樂在其中地收集、分析資訊，也比較容易提升投資績效。

至於值得參考的指標，則依其展開的事業而異。以「Amazia」為例，主力事業為漫畫書的應用程式，因此要參考「下載次數」和「使用人數」，如果是餐飲業或健身房等拓展實體店面的公司，則要參考「店鋪數量」。

 FOCAL POINT ─────────

用「市值」和「市場規模」
判斷股價可以漲多少

擬定投資策略時，大家或許會覺得「怎麼可能預測股價會上漲到多少錢」，那是因為你看的是「股價」，所以才無法預測。

在判斷一家公司未來成長的空間時，要看的不是股價，而是「市值」與「市場規模」。只要著眼於市值與市場規模，就能大致預測那家公司的市值上限是「以 100 億圓為單位」還是「以 1000 億圓為單位」。

重點在於要找出投資後成長空間比較大的個股，因此只要能預測出大致上的「規模感」就行了。

舉例來說，如果是倉鼠之類的小動物，可以預測長得再大，頂多也只有掌心大小；但如果是小熊，也能預測起初雖然很小隻，但遲早會長得比人類還大。

同理可證，透過該公司推廣的事業可以了解其「市場規模」（大小）；以經營漫畫應用程式「漫畫 BANG！」的「Amazia」來說，就要參考電

子漫畫的市場規模（約 2500 億圓）。

在市場規模比較小、成長空間也較有限的產業做生意的公司，通常無法指望接下來會有大幅度的成長。

另一方面，如果是在市場規模已經做大了，或是市場規模雖然還小，卻急速擴大的產業做生意的公司，可以想像現在的市值愈小，成長空間愈大。

千萬不要忘了「市值」與「市場規模」這兩個角度，只要和「公司名稱」或「業種名稱」一起丟進關鍵字搜尋，馬上就能找到資料了。**集中投資小型股雖然以市值 300 億圓以下的公司為投資對象，但市場規模一定要處於「已經做大」或「正在擴大」的前提下。**

光是在市場規模比較大的領域裡做生意，該公司就有足夠的成長空間。此外，即使市場規模目前還小，只要是在今後有望成長的領域做生意的公司，就能期待與市場規模等比例成長。

FOCAL POINT

與同產業的「市值前十名」比較

那麼，以下便以「市值」與「市場規模」為計算標準，示範如何預測一家公司的成長空間。

假設以「市值 100 億圓」的「建築業」公司為投資對象的話，建築業的市場規模僅次於汽車產業，約為 55 兆圓，十分巨大。因為是成熟的產業，如果是市值只有 100 億圓的公司，成長空間可謂非常可觀。

接著再搜尋「市值前十名的公司」，只要用「建築業」和「市值」當關鍵字，很快就能找到。

　　第十名「Kinden」的市值約 3920 億圓。如果某家市值 100 億圓的建設公司將來大幅成長，有望擠進前十名的話，就能假設這家公司具有 3820 億圓（約 38 倍）的成長空間。

　　當然，能不能實際成長到這個地步另當別論，這只是大膽預測投資對象成長空間的方法，因此只要能抓到粗略的「規模感」即可。

日本建築業中市值前10大的公司

	公司名稱	市值
1	大和房屋工業	1兆9240億圓
2	積水房屋	1兆2187億圓
3	大成建設	7933億6700萬圓
4	大林組	6753億3300萬圓
5	大東建託	6471億4900萬圓
6	鹿島建設	6433億7400萬圓
7	清水建設	6229億2700萬圓
8	長谷工股份有限公司	4033億6500萬圓
9	COMSYS控股集團	3986億700萬圓
10	Kinden	3920億圓

（2020 年 10 月 13 日當時）

各產業的市場規模示意圖

汽車、汽車零件製造業	醫療	電力	醫療用品及藥物	長照	成衣	農業	產險	外帶外送熟食
建築	壽險	BtoC EC	網購	手機影片相關	八大行業	旅行	汽車維修	印刷	自動販賣機
		銀行	藥妝店	證券			
	外食		家電零售	人力仲介			其他
不動產		電子通訊	鐵路	家飾五金			
		超級市場	廣告	電台			
	物流		住宅裝修	BPO			
		便利商店	百貨公司	酒類			
				糕餅			

建築業在市場規模中佔比非常高，如果有鎖定的相關企業，成長期望值很值得期待。

很多股市新手只看股價，
卻忽略市值，
因而錯過了很多優質小型股，
真的很可惜喔！

再舉一個例子，同樣以「市值 100 億圓」的「網路廣告業」公司為投資對象來推斷看看。

網路廣告的市場規模約 1.6 兆圓（2018 年度），比建築業約 55 兆圓的市場規模小很多，但是預計在 2023 年將擴大到 2.8 兆圓（根據矢野經濟研究所調查）。

以下就是目前日本市值前十大的網路廣告公司。

	公司名稱	市值
1	Cyber Agent	8470 億 5800 萬圓
2	D.A.Consortium Holdings	2630 億 5200 萬圓
3	Digital Garage	1773 億 6700 萬圓
4	Value Commerce	1285 億 7700 萬圓
5	SEPTENI HOLDINGS	479 億 2600 萬圓
6	UNITED	385 億 3800 萬圓
7	FANCOMI	375 億 4200 萬圓
8	CARTA HOLDINGS	361 億 9100 萬圓
9	DIGITAL HQLDINGS	345 億 5900 萬圓
10	i-mobile	336 億 9500 萬圓

（2020 年 10 月 13 日當時）

第十名「i-mobile」的市值約 337 億圓。假如某家市值 100 億圓的廣告公司將來大幅成長，有望擠進前十名的話，市值將變成 300 億圓左右，成長動能粗估約有 3 倍。

成長空間雖然沒有前述的建築業那麼大，但是可以預測網路廣告業界的市場規模今後將繼續擴大。換個角度想，市場規模比較大的建築業自古以來就是大者恆大，無法輕易改寫企業版圖。

無論如何，用「市值」與「市場規模」在概算「這支股票可以成長到幾倍？」的時候非常有用，可以幫助我們進一步挑選出「1 年可以成長 3 倍」的雪球小型股。

實踐筆記（1）　首先，確認「產業類別」

以下用一個簡單的例題來練習預測一家公司的成長空間。

下列的 A 公司和 B 公司，哪一家具有比較大的成長空間呢？回答時也請說明一下原因。

A　公司

- **市值**　　　　50 億圓
- **產業類別**　　補習班
- **市場規模**　　約 9700 億圓

最近大受矚目的補習班，以少數精銳的講師陣容提供的線上授課大受好評，學生人數順利成長。

B　公司

- **市值**　　　　100 億圓
- **產業類別**　　外食產業
- **市場規模**　　25 兆 8000 億圓

可以用合理的價格輕鬆享受日本料理的連鎖餐廳。24 小時營業的方式廣受歡迎，正以飛快的速度展店中。

日本市值前10大的補習班

	公司名稱	市值
1	倍樂生	2711億2000萬圓
2	Nagase Brothers	583億5300萬圓
3	Riso教育	498億3100萬圓
4	東京個別指導學院	331億1800萬圓
5	STEP	260億7200萬圓
6	日本明光義塾	204億9100萬圓
7	早稻田Academy	161億5300萬圓
8	學究社	121億6500萬圓
9	幼兒活動研究會	116億5400萬圓
10	進學會	93億1400萬圓

（2020 年 10 月 13 日當時）

日本市值前10大的外食產業

	公司名稱	市值
1	日本麥當勞	6820億8500萬圓
2	善商控	3809億6300萬圓
3	壽司郎	3315億5500萬圓
4	雲雀國際	2962億5300萬圓
5	壹番屋	1736億7700萬圓
6	ATOM股份有限公司	1535億5300萬圓
7	王將	1427億4500萬圓
8	藏壽司	1281億3200萬圓
9	吉野家	1246億5800萬圓
10	東利多控股集團	1236億7600萬圓

（2020 年 10 月 13 日當時）

　　A 補習班的市值為 50 億圓，在以市值 300 億圓以下為主的小型股中，規模雖小，但是感覺很有成長空間。

　　補習業界第十名的「進學會」市值 100 億圓，假如 A 補習班有望擠

進前十名的話，市值具有從現在的 50 億圓成長為 100 億圓的可能性，因此可以粗估市值有 2 倍的成長空間。

另一方面，外食產業第十名的「東利多控股集團」（旗下有「丸龜製麵」等公司）市值達 1000 億圓以上，假如市值 100 億圓左右的 B 外食公司有望擠進前十名的話，不難想像市值可以從現在的 100 億圓成長到 1000 億圓以上，因此能粗估成長空間有 10 倍以上。

比較 A 補習班（50 億圓）與 B 外食公司（100 億圓）現在的市值，因為 A 公司的規模比較小，乍看之下可能會覺得成長空間比較大。

然而，補習班的市場規模約 1 兆圓、外食產業的市場規模約 25 兆圓，彼此相差約 25 倍，從結果來看可以發現「B 公司的成長空間比 A 公司更大」。

實踐筆記（2）　接著，比較競爭對手的「營收」

前面是從「市值」與「市場規模」來預測公司的成長空間，但也可以藉由與其他競爭對手的「營收」做比較來思考成長空間。不妨直接用一個例題來思考，請推測以下 C 公司的成長空間，來判斷要不要投資。

C　公司

- 市值　　　　　100 億圓
- 事業內容　　　保健食品的定期購網路商店
- 營業收入　　　30 億圓
- 營業利益　　　3 億圓

在尋找 C 公司的競爭對手時，找到未上市的 D 公司。

D 公司

- **市值**　　　　因為尚未上市所以不確定
- **事業內容**　　營養補充品的定期購網路商店
- **營業收入**　　300 億圓
- **營業利益**　　30 億圓

用以上的這些資料，來預測看看 C 公司未來的成長空間。

由於比較對象是尚未上市的競爭對手，無法比較市值，因此這次改用「營收」來做比較。

如果是相同的產業、商業模式也幾乎相同，「營業利益率」不會有太大差別。因此只要單純地比較「營收」，就能預測那家公司大致上的成長空間。

儘管 D 公司尚未上市，營收卻是 C 公司的 10 倍。C 公司與 D 公司具有同樣的市場競爭力為前提，單純計算下來，可以預測 C 公司的營收、利潤有大約 10 倍的成長空間。

再做一道例題，請各位判斷要不要投資以下的 E 公司。

E 公司

- **市值**　　　　　　　　60 億圓
- **事業內容**　　　　　　經營漫畫應用程式
- **營業收入**　　　　　　20 億圓
- **營業利益**　　　　　　1 億圓
- **營業利益率**　　　　　5%
- **本益比（PER）**　　　60 倍

備註：使用人數急劇增加，積極投入廣告宣傳費。

在尋找商業模式與 E 公司相同的公司時，找到了上市的 F 公司。

> ## F　公司
>
> ▪ **市值**　　　　　　　**300 億圓**
> ▪ **事業內容**　　　　　**經營電子書的應用程式**
> ▪ **營業收入**　　　　　**40 億圓**
> ▪ **營業利益**　　　　　**10 億圓**
> ▪ **營業利益率**　　　　**25%**
> ▪ **本益比（PER）30 倍**
>
> 備註：經營手法重視穩定的獲利。

資訊量比前面的例子多，請用這些資訊預測 E 公司的成長空間。

首先，請把重點放在「市值」上。F 公司的市值是 E 公司的 5 倍，所以認為 E 公司有 5 倍的成長空間，是最單純的預測。

除此之外，各位是否還留意到另一個重點呢？

儘管都是同樣的事業內容，「營業利益率」卻差到 5 倍！明明是同一種產業，營業利益率卻差這麼多，其背後的原因很值得探討。

調查之下，發現 E 公司投入巨額的「廣告宣傳費」，導致營業利益率相對於營業收入來講變低了。只要這筆廣告宣傳費是經過審慎評估的投資，即可預測在不久的將來，E 公司的營業收入會比現在更多。

另一方面，由於 F 公司的營業利益率為 25％，可見採取相同商業模式的 E 公司也具有將營業利益率提升至相同水準的潛力。

很多投資人認為「PER」（本益比）的數字愈低愈好，若以本益比為計算標準，F 公司（30 倍）遠比 E 公司（60 倍）低，所以會判斷 F 公司是很有前途的投資對象。

這就是大部分投資人因為過度相信本益比而賠錢的原因。

　　只比較本益比的話，很容易忽略 E 公司「不惜減少眼前的利潤也要投入廣告宣傳費，企圖增加未來的利潤」這個事實。

　　倘若 E 公司改弦易轍，省下廣告宣傳費以提升營業利益率，或許也可以跟 F 公司一樣，將營業利益率提升到 25％。在這樣的情況下，E 公司的業績如下所示。

E 公司（如果將經營方針改為重視眼前的利益）

- **市值**　　　　　　60 億圓
- **營業收入**　　　　20 億圓
- **營業利益**　　　　5 億圓
- **營業利益率**　　　25%（假設能產生利潤的情況）
- **本益比**　　　　　12 倍

　　E 公司的本益比原本偏高（60 倍），然而將經營方針改為重視眼前的利益後，本益比變成 12 倍，變成比 F 公司更便宜、更有前途的投資對象。

　　換句話說，E 公司潛在的獲利能力明明與 F 公司不相上下，但如果以本益比為計算標準，市場會比較不買帳。

　　倘若看準未來的成長空間，用一樣的水準（本益比 30 倍）來評價 E 公司與 F 公司，理論上應該會得到以下的市值。

> **E 公司**（以營業利益率25%，本益比30倍來評價的話）

- **市值**　　　　　150 億圓（理論值）
- **營業收入**　　　20 億圓
- **營業利益**　　　5 億圓
- **營業利益率**　　25%（潛在）
- **本益比**　　　　30 倍

　　如此一來，會得到 E 公司事實上比 F 公司便宜很多，是很有前途的投資對象的結論。

　　市場上有很多像 E 公司這樣，因為先行投資於未來（例如廣告宣傳費等等）而壓低眼前的營業利益（率），導致市值較低的小型股。

　　找出這種有如鑽石原石般的小型股，在股價剛開始上漲的時候就投資。對於散戶而言，這是最能降低風險、有效提升收益的投資手法。

FOCAL POINT

專家這樣挑漲十倍的
雪球小型股

這次將以我自己投資的實例為計算標準，帶大家預測公司的成長空間。

我在 2018 年投資了經營醫療資訊網站，在東證 Mothers 上市的「MedPeer」（6095）。

與當時在東證一股上市的業界龍頭「M3」（2413）比較後，兩家的差異如下（2018 年 2 月統計資料）。

MedPeer（6095）

- **市值**   81 億圓
- **營業收入**   20 億圓
- **營業利益**   2 億圓

M3（2413）

- **市值**   1 兆 3441 億圓
- **營業收入**   994 億圓
- **營業利益**   195 億圓

比較業界龍頭 M3 與投資對象 MedPeer，發現兩者的市值差到 160 倍以上。光是這樣就想投資 MedPeer 了，可以感受到未來的可能性。

　　營業收入差到約 50 倍、營業利益差到約 100 倍，兩邊都讓人感受差到十倍仍至於一百倍的成長性。

　　若說這個差距意味著什麼，無非是投資對象 MedPeer 只要能從業界龍頭 M3 手中搶走 10% 的市占率，市值（股價）就會成長 10 倍。

　　即使很難搶下 10% 的市占率，光是能搶走 1%，市值就會變成 2 倍。

　　而且我認為，醫療相關的情報網站今後還會繼續擴大市場；當然，這一切都是建立在 MedPeer 的經營團隊、事業內容、商品都很優秀的前提下，我基於這樣的觀點，實際投資了 MedPeer。

　　大約 2 年 6 個月後，MedPeer 就成了股價成長超過 10 倍的十倍股。

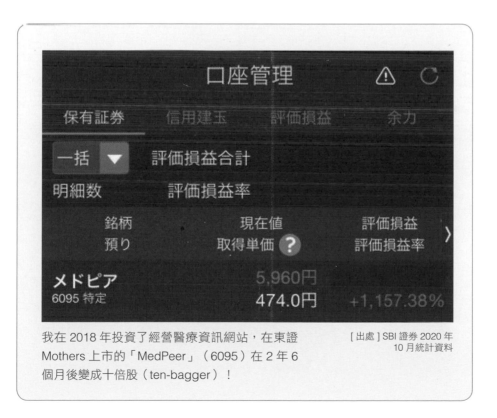

我在 2018 年投資了經營醫療資訊網站，在東證
Mothers 上市的「MedPeer」（6095）在 2 年 6
個月後變成十倍股（ten-bagger）！

[出處] SBI 證券 2020 年
10 月統計資料

如何找出能掛牌上市的股票

在股票市場裡，從東證 Mothers 和東證 JASDAQ 這種新興市場到東證二部、東證一部，存在著各式各樣的市場。

用雞來比喻，東證 Mothers 及東證 JASDAQ 賣的是接下來有機會長成大雞的小雞，東證一部賣的是已經長大的雞。

在東證 Mothers 或東證 JASDAQ 上市的公司裡有的是接下來會長得很大、生很多蛋的小雞（小型股），也有在長成大雞（大型股）以前就停止生長的小雞。

找到可能會大幅成長的小雞買進，將來長大的時候就能得到相當大的獲利。

　　小型股的市值加起來並不大，所以坐擁大筆資金的投資法人不會出手，因為他們投入的大筆資金會讓股價劇烈變動。

　　正因為散戶的資金不多，小型股才是我們能獲得巨大報酬的市場。

　　另一方面，在東證一部上市的公司為了上市，必須克服相當嚴格的條件，所以很有可能都是會生很多蛋的雞。

　　然而，因為多半都是市值很大的公司，以成長空間來說比不上在東證 Mothers 或東證 JASDAQ 上市的小型股，但也因此受到于上握有大筆資金的投資法人關注，甚至有很多投資法人自我設限「只投資東證一部」。

　　因此投資法人都會挹注大筆新的資金在能從東證 Mothers 和東證 JASDAQ 轉上市東證二部、東證一部的公司，促使股價大幅上漲。

　　所以不只要找出今後股價會大幅上揚的股票，從「是不是將來能在東證一部上市的公司」的觀點來判斷也很重要。

　　由此可知，必須掌握要在東證一部上市的條件、觀察該公司有沒有採取要在東證一部上市的行動。

> **▶ 在東證一部上市的條件**

☑ 股東人數達 2200 人以上

☑ 流通股數達 2 萬單位以上或流通股數（比率）占總發行股數的 35%以上

☑ 市值達 250 億圓以上

☑ 設有董事會，創業至今持續達 3 年以上

☑ 合併淨資產金額達 10 億圓以上

☑ 2 年來的淨利總額達 5 億圓以上或市值達 500 億圓以上

為了在東證一部上市，必須滿足以上這些林林總總的條件。

利用「股東人數」、「流通股數」、「市值」、「合併淨資產」和「淨利總額」等等數值，意識到經營規模的擴大，除了董事長及經營團隊等等、從草創初期就有的少數特定股東以外，提出積極的經營策略，以吸引更多投資人買進也很重要。

為了增加股東人數，進行「股票分割」也是一個辦法：就是把每股分得更細，好讓投資人更容易購買。

舉例而言，將 1 股 1000 圓的股票分割成 4 等分，就等於 1 股變成 250 圓，散戶更容易購買，也能增加股東人數。

股票分割之後，手邊的股票會發生以下的變化（以持有 100 股為例）。

☑ 分割前：1 股 1000 圓 ×100 股＝市值 10 萬圓

☑ 分割後：1 股 250 圓 ×400 股＝市值 10 萬圓

每一股的股價雖然跌到 4 分之 1，但由於持有的股數增加到 4 倍，所以持有股票的總價值不變。

以蛋糕為例，就像是持有一整個圓形的蛋糕，或者是持有切成 4 等分的蛋糕。數量雖然不同，但蛋糕的總量並沒有改變。

由於還必須克服流通在整個市場的股票數量這個要求，如果董事長是大股東（假設持有全部股票的 70％或是過半數的股票），勢必得賣出一部分的股票。

假如大股東在市場上拋售股票，股價就會大幅下降，為了防止這種情況發生，有時候會由投資法人吃下這些股票。

依據前面所提到的內容，整理一下企圖在東證一部上市的公司所會採取的動作。

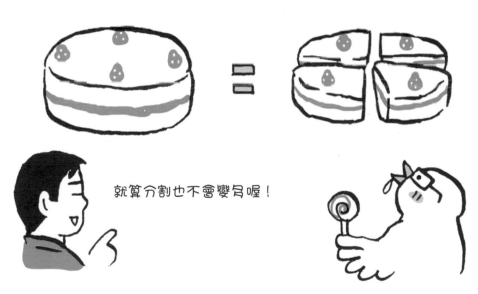

就算分割也不會變多喔！

即使進行股票分割，整體的價值也不會改變。

不過就算滿足諸多條件，順利地在東證一部上市，也不見得每家公司的股價都能順利成長，終究還是要看消費者對那家公司的商品、服務買不買帳喔！

編註：以上說明的是日本股市的狀況，保留原書內容提供給未來想投資日股的讀者參考。

CHAPTER 3

如何找出
會漲的股票

FOCAL POINT ——————————

業績很好、股價卻低迷的
公司可以買嗎？

「業績明明很好，股價卻一直上不去……」

尋找投資標的時，經常遇到這種個股。乍看之下，會產生「是否應該趁大家還沒有注意到、股價還沒有上漲前買進？」的念頭，可是如果缺乏某些契機，這種股票多半漲不上去。

無論業績再好、公司再有潛力，只要投資人一天不實際買進股票，股價就漲不上去。

「業績明明很好，股價卻低迷的股票」說穿了正處於「並未受到投資人青睞」的狀態。

只要業績夠好，投資人遲早會注意到，進而買入，推升股價上漲也說不定。從這個角度來想，或許股價低迷時正是「抄底」的好機會。

只不過，這裡有一個很大的問題，那就是「不曉得投資人什麼時候才會注意到這支股票」。有時候就算受到矚目，股價可能也會再持續低迷一年以上。

在資金有限的情況下，如果散戶投資那支股票，導致資金套牢一年以上，將錯失投資其他股票的獲利機會。

那麼，看到這類應該是有上漲機會的股票，該怎麼做才好呢？

遇到「業績明明很好，股價卻怎麼都漲不上去」的個股，不妨以「等到股價進入上升趨勢再買」的心態面對，將那些股票放入「等股價上漲再買的清單」。

就算無法買在谷底，等進入上升趨勢再買，仍能一口氣享受股價上漲的利益。要買在最低點、賣在最高點比登天還難，放棄魚頭（最高點）和

魚尾（最低點），抓住一定程度的上漲獲利，其實才是最有效率的資金運用方式。

FOCAL POINT

很多「市價買進」，
就是股價要開始上漲了

基本上，當「成交量」（當天買賣成立的股數）增加，股價也會開始上漲，也就是「買進」的最佳時機，重點在於上述「股價開始上漲」這部分。

股價上漲時，一定會出現投資人以市價委託的「買盤」。

▶ 股票的兩種下單方法

☑ 限價委託＝「指定」價格買賣的委託

☑ 市價委託＝「不指定」價格買賣的委託（＝多少錢都無所謂，就是
　　要買進、賣出！）

以「股價多少錢都無所謂，一定要買到」的市價委託「買進」時，將與用最便宜的股價掛「賣出」單的人成交（反之，以市價委託「賣出」時，將與用最貴的股價掛「買進」單的投資人成交）。

當投資人以市價委託「買進」，推升股價，表示背後很可能發生了什麼造成股價開始上漲的事。

具體的契機可能是「公布財報」「推出新商品」「業務合作」等等，股價通常會自此進入上升趨勢。

　　在發現了自認為很有潛力卻遲遲未上漲的個股時，除了前面所說的評估方向之外，利用觀察這支個股的買盤是否有投資人以市價委託買進，也是一個評估股價即將上漲，是否可以買進的方法。

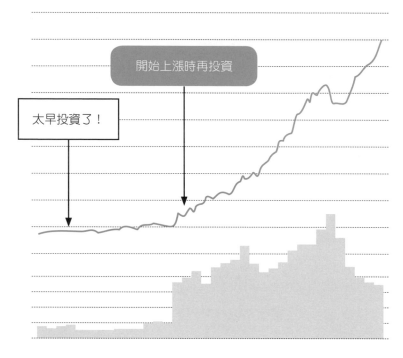

下跌趨勢的股票，
絕對不會再漲

　　「買在剛開始上漲的時候」和「賣在剛開始下跌的時候」，是投資股票的鐵則；而**「上漲的股票會一直上漲，下跌的股票會一路下跌」，也可以說是投資股票的法則。**

　　很多投資人都沒有好好掌握這個本質，而是採取相反的行動，「稍微漲一點就賣掉」或「明明下跌仍期待反彈而不停損」。

　　這種投資習慣會讓你只賺到一點蠅頭小利，但每次都損失慘重，整體而言賠了很多錢。

　　請看下頁的插圖，假設有一支正處於上升趨勢的股票，許多投資人都買了這支股票，從線圖可以看出不管買在哪個價位，所有人都能賺到錢。

　　投資人的焦點會集中在上漲的股票上，吸引愈來愈多人買進這支股票。即使已經持有這支股票，帳面上有未實現利益的投資人，在股票處於上升趨勢的時候也會因為有信心而陷入「再漲多一點我才要賣喔」的情緒，因此「上漲的股票會繼續上漲」。

　　另一方面，如果是股價持續下跌的股票，從股價線圖也可以看出，不管買在哪個價位，「所有人都會賠錢」。因為其他投資人會因為「會不會繼續下跌？」而不敢買進股價正在下跌的個股，導致沒有新的買盤敢進入市場的狀況持續下去。

　　已經持有這支股票的投資人也會因為股價一天比一天低而喪失自信，陷入「乾脆賣掉吧」的情緒。如此一來，下跌的股票就會繼續下跌。

　　與「買在剛開始上漲的時候」「賣在剛開始下跌的時候」同樣的道理，「一旦被放棄的股票就再也不會漲回來了」也是投資股票的法則。

　　持續處於上升趨勢的個股一旦進入下降趨勢，原本強勢買進股票的投資人一下子都跑光了。

　　即使是已經持有股票的投資人，未實現利益也會愈來愈少，有時候還會因為賣得太晚，導致轉盈為虧。這麼一來，所有人都會失去信心，陷入「趕快賣掉吧」的氣氛，導致股價跌得慘不忍睹。

　　上升趨勢一旦被破壞，進入下降趨勢，除非有什麼新的利多消息，否則股價通常會持續低迷下去，再也無法回到原來的價位。無論如何，一定要徹底地執行「買在剛開始上漲的時候、賣在剛開始下跌的時候」。

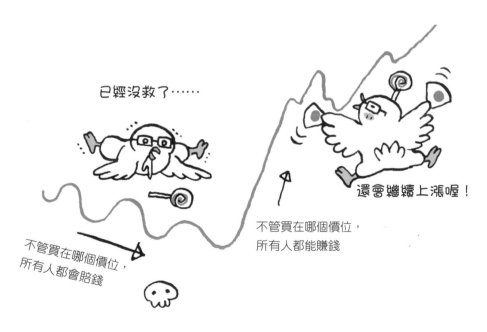

已經沒救了……

還會繼續上漲喔！

不管買在哪個價位，所有人都能賺錢

不管買在哪個價位，所有人都會賠錢

買在剛開始上漲的時候、賣在剛開始下跌的時候，是投資股票的鐵則！

FOCAL POINT

漲得多快，就會跌得多快

　　剛開始投資的人，多半都希望能在 1 週或 2 週的短時間內「一口氣大撈一筆」。以投資效率來說，股價在 1 週內就漲成 3 倍，確實比花 1 年的時間變成 3 倍有效率多了。

　　可是請各位仔細想想，股價要變成 3 倍，表示市值也要變成 3 倍。如果是市值 100 億圓的公司，股價要變成 3 倍，表示那家公司的市值也要變成 3 倍，也就是 300 億圓。

　　理論上，多出來的 200 億圓市值，必須等於該公司提供給世人的「價值」才行。

　　如果公司的業績不斷成長，花上半年或一年的時間提供世人相當於 200 億圓的價值，使市值變成 3 倍還能理解；但只花 1 週就要對世人提供 200 億圓的價值並不實際。

　　股價在 1 到 2 週這麼短的期間內成長為 3 倍實際上倒也不是不可能，但那是投資人在虛無縹緲的「期待」下買進的結果。

　　當投資人基於自己的目的或推測買賣股票，股價會在虛無縹緲的狀態下暴漲暴跌。

　　舉例來說，某公司要推出新商品，有助於提升業績的消息在市場上流傳開來，明明新商品尚未上市，業績也還沒提升，仍有許多投資人認為「業績一定會提升！」而買進股票，導致股價飛快上揚。

　　看到上漲的股價，更多投資人心想「現在再不買的話，股價就會一去不回頭了」，因而湧入心急的買盤。

　　這些因為投資人的期待而導致股價急速上漲的個股，會吸引當沖客加入這個上升趨勢。

當「買盤」刺激出「買盤」，股價便會在短期內急劇上揚。

然而，**在極短時間內一口氣上漲的股票也隱藏著同樣在短時間內一口氣下跌的風險。**

除非發生天大的利空消息，否則花上 1 年的時間漲成 3 倍的股票不太可能在 1 週內腰斬。然而，如果是 1 週內急漲 3 倍的股票，股價經常在 1 週內暴跌到只剩下不到原本的一半。

因為光靠虛無縹緲的「期待」買股票的投資人，通常也會放任感情做主，慌張地買賣股票。

當股價上漲時靠直覺買進、股價開始下跌時又感情用事賣掉的投資人齊聚一堂，股價的波動就會像坐雲霄飛車一樣，急劇地上漲又急劇地下跌。

不過，也有短時間內急速上漲卻沒有暴跌的罕見範例，那是因為股價上漲的背後有良好的業績支撐。

當股價急速上漲時，如果能向世人提供與因此增加的市值同等的價值，亦即有業績在背後撐腰，股價就比較不容易暴跌。

假設因為要推出新商品，導致股價急速上漲，公司的市值因此增加 50 億圓，只要公司能藉由這項新商品提供超過 50 億圓以上的價值，這股漲勢就不是無憑無據的上漲。

然而，無論推出再厲害的商品，如果完全賣不出去，營收也無法增加的話，**急速上漲的股價只是「基於投資人的期待，需求突然暫時增加」，很快就會跌回原來的價格，甚至跌到原本的價位以下。**

急漲的股價不代表未來前景看好，很有可能漲得快，同時也跌得快；沒有審慎評估之下盲目投入，暴跌慘賠的機率非常高喔！

FOCAL POINT

股價可能暴跌的四個訊號！

　　為了不被暴跌的股價連累，請事先記住以下四個訊號，只要發現這些訊號，就要趕快有抽身的準備。

出現這四個訊號，一定要小心！

- ☑ 股價急漲時

- ☑ PER（本益比）過高時

- ☑ PBR（股價淨值比）過高時

- ☑ 資券比（信用交易的融資餘額 ÷ 融券餘額）過高時

☑ 〈訊號1〉 股價急漲時

　　股價急漲意味著有很多投資人急著買進那支股票，當股價轉而開始下跌時，這些投資人很有可能又急著賣掉。換言之，急漲的股票之後暴跌的風險很高。

　　股價伴隨著大量的成交量急漲時，當沖客也會跑來分一杯羹。所謂的當沖客指的是利用股價上漲的機會，在一天內反覆不斷地「買賣→停

利」以賺取「利差」（因為買賣的價差而產生利益）的投資人。

當股價陷入下跌的局面，當沖客會見獵心喜地融券賣出，而這亦將助長股價的跌勢。

 〈訊號2〉PER（本益比）過高時

本益比是「現在的股價」除以「每股盈餘」所得到的數值，亦即「這家公司現在的股價是一整年能賺到的每股盈餘的幾倍？」的指標。「每股盈餘」稱為「EPS」，說得簡單一點就是「持有一股的話，可以分配到多少盈餘」的意思。

$$\text{PER（本益比）} = \frac{\text{股價}}{\text{每股盈餘（EPS）}}$$

平均的本益比為 15 倍左右，本益比愈低，股價愈便宜。當本益比過高時，大部分的投資人都會覺得「太貴了」，傾向於賣掉這支股票。

只不過，本益比是用「目前的盈餘與市值」計算出來的指標，所以將來具有大幅成長空間的公司，本益比通常會愈墊愈高。

假使現在的本益比已經高達 100 倍，倘若那家公司 3 年後的獲利可以成長到 10 倍，3 年後的本益比就會回到 10 倍的水準。

另一方面，假使現在的本益比只有 10 倍，倘若 3 年後的獲利剩下 10 分之 1，這家公司 3 年後的本益比將會飆到 100 倍。

因此不能只看「現在的本益比」來判斷股價是貴還便宜，請從「將來會成長到什麼地步？」的角度來判斷 3 年後的本益比。

✉ 〈訊號3〉 PBR（股價淨值比）過高時

　　股價淨值比是「現在的股價」除以「每股淨值」所得到的數值，亦即「這家公司現在的股價是每股淨值的幾倍？」的指標。「每股淨值」稱為「BPS」，說得簡單一點就是「持有一股的話，可以分配到多少淨值」的意思。

　　平均的股價淨值比為 1.2 倍左右，股價淨值比愈低，可視為股價愈便宜。當股價淨值比過高時，大部分的投資人都會覺得「太貴了」，傾向於賣掉這支股票。

　　只不過，股價淨值比是用那家公司持有的「可以換算成錢的資產」計算出來的指標。

　　舉例來說，假設有一家線上購物公司，該公司持有的現金及商品庫存會反映在股價淨值比上，但是反映不出網站本身的品牌價值或點閱數等等。

　　因此不能因為股價淨值比太高就判斷股價太貴，也必須仔細觀察「無法換算成錢的資產」。

$$\text{PBR（股價淨值比）} = \frac{\text{股價}}{\text{每股淨值（BPS）}}$$

☑ 〈訊號4〉 資券比 （信用交易的融資餘額÷融券餘額） 過高時

接下來的內容有點難，各位要稍微努力跟上喔！

所謂的資券比是指「信用交易」的「融資餘額」除以「融券餘額」的數值，「超過 1 倍的話表示融資餘額過高」，「低於 1 倍的話表示融券餘額過高」。

信用交易指的是向證券公司提供擔保（保證金），可以借到相當於前項金額 3.3 倍（網路交易為 2.85 倍）的現金或資券來買賣股票。

舉例來說，假設抵押 100 萬圓的自有資金，以信用交易買進 300 萬圓的股票，當那支股票漲 10％，就能賺 30 萬圓；跌 30％就會損失 90 萬圓。

由於只要股價稍微波動，獲利、虧損就會很大，所以在操作上要很小心。

融資餘額指的是透過信用交易買進的股票未結清（未返還）前剩下的金額。說穿了，**信用交易就是向證券公司借錢買股票，因此融資餘額愈多、就表示「期待股價上漲的投資人愈多」。**

融券餘額則是指透過信用交易賣出的股票未結清（未返還）前剩下的金額，又稱為「賣空」。股價下跌時，賣空可以賺取差價，因此融券餘額愈多可以預測「期待股價下跌的投資人愈多」。

因此資券比常被用來做為解讀股票市場的投資人會採取什麼行動的**數據；當資券比遠遠超過 1 倍時**，表示有很多投資人都是透過信用交易買進股票。

由於信用交易是向證券公司借錢，自然要支付利息。與持有現股比起來，會產生股票的持有成本，因此具有要在更短的期間內脫手的傾向。

換句話說，**透過信用交易買股票的投資人愈多，表示「不久的將來就會賣掉那支股票」的可能性愈高。**

$$資券比 = \frac{融資餘額（股數）}{融券餘額（股數）}$$

　　投資人經常問我：「本益比或股價淨值比幾倍以上的股票具有暴跌的風險？」或是「資券比幾倍以上是危險訊號？」

　　雖然前面已經具體地向各位解釋這些指標代表的意義，但光靠這些指標就下判斷是非常危險的！這些指標只能做為參考，而且會依狀況而異，因此不能一概而論「幾倍以上是危險訊號」。

　　不妨想像成「氣球」會比較容易理解，每項數據都很高的狀態，相當於氣球裡灌滿了空氣，脹得很大。

　　無法明確地指出氣球什麼時候會破掉（＝股價暴跌），但是最好對灌滿空氣的狀態提高警覺。

　　當氣球灌滿空氣，什麼時候破掉（＝股價暴跌）都不奇怪，但出乎意料的是有時候還可以繼續灌入空氣。

　　「能裝多少空氣？」「氣球什麼時候會破掉？」也會因為氣球（個股）本身的體質及當時周圍的環境或條件而異。

　　不要將指標的數值當成絕對的標準，最好以「差不多來到危險水位了」的角度來思考。

　　即使是本益比超過 100 倍的公司，股價也可能再漲 1 倍。另一方面，即使是本益比只有 10 倍的公司，未來也可能因為業績惡化而導致股價暴跌。

　　資券比也只是「當時看到的部位」。就算資券比高達 10 倍，從指標上來看預期股價會下跌，但只要接下來能吸引到大量的融資買盤進場，股價就還會繼續上揚。

　　相反地，就算資券比不到 1 倍，從指標上來看預期股價會上漲，如

果接下來有很多融券進場，股價就會下跌。

直接說結論好了，如果「認為差不多該賣掉那支股票的投資人」遠大於「想買進那支股票的投資人」，股價就會暴跌。

不妨從「市場上還有多少投資人想進這支股票？」「大概有多少投資人會在股價下跌的時候拋售？」的角度來看待股價急漲的股票。

● 包括當沖客在內的短期投資人
○ 著眼於真實價值的中長期投資人

這些投資人的委託魚龍混雜，形成了我們所看到的股價，但只要是著眼於真實價值的中長期投資人未來會買的個股，股價就還有成長空間。

相反地，如果投資的股票是中長期投資人已經退場，只剩下包括當沖客在內的短期投資人炒作的個股，便要承擔資產大幅縮水的風險。

無論指標的數值是高或低，都只能當作參考，別當成買賣的依據。

FOCAL POINT

股價可能上漲的四個訊號

公司的業績必須有起色，或者是就算業績實際上沒有起色，也要聚集投資人「業績可能會有起色」的期待，股價才會上漲。促使投資人買進股票的其中一個原因，是公司宣布「業績向上修正」。

上市公司會定期公布業績預測，向上修正是指宣布「可能會創下比已經公布的業績預測更高的業績！」反之，「向下修正」則是宣布「業績可能比預測的更差」。

公司宣布業績向上修正後，股價通常會因此展開上升趨勢；反之，一旦宣布業績向下修正，股價則多半會從此進入下降趨勢。

只要能順利地接收到向上修正的訊號，就能在最好的時間點利用股價的上升趨勢賺一波。為了早其他投資人一步抓住向上修正的可能性，重點在於要掌握以下的訊號。

業績向上修正的四個訊號

☑ 業績成長率提升：最基本，準確度最高。

☑ 辦公室擴大：可以作為「業績有成長」的判斷依據。

☑ 雇用人數增加：可以作為「業績有成長」的判斷依據。

☑ 廣告宣傳費增加：持續宣傳熱銷產品的證明。

「業績成長率」是所有向上修正的徵兆中，最基本、準確度最高的判斷標準。 業績成長率是季報表或半年報中，以百分比（％）表示相對於全年的營業計畫，已經達成多少業績的數字。

舉例來說，假設期中結算時的業績成長率為 80％，表示光上半年已經達成 80％，只要下半年也能保持相同的業績，單純計算下來，業績達成率為 160％，有很高的機率能超過當期的業績預測。

如此一來，**光看業績成長率就能找出接下來可能會宣布向上修正的公司。**

除了業績成長率，「辦公室擴大」、「雇用人數增加」和「廣告宣傳費增加」也是向上修正的訊號。

我們至少可以判斷，除非業績成長，否則不會擴大辦公室或增加雇用人數。之所以增加廣告宣傳費也幾乎都是為了讓原本就已經賣得很好的商品、服務賣得更好，因此可以視為向上修正的訊號。

只不過，諸如此類的重點如果要成為向上修正的訊息，必須建立在「正派的經營者」和「做出正確的判斷」的前提之下。

世上有各式各樣的經營者，其中也不乏儘管業績不振，仍執意擴大辦公室、增加雇用人數、投入大量廣告宣傳費的老闆；一個弄不好，可能連公司的存續都會岌岌可危。

不能只因為符合上述的四個條件，就單純地判斷「買吧」！事先在網路上搜尋經營者的訪問影片或報導，檢查經營者「有沒有什麼可疑之處或不對勁的地方？」「過去是否曾經做出什麼莫名其妙的舉動而引起爭議？」也很重要。

【實例分析】
會上漲的個股公司細節大公開

　　接下來，我要介紹自己投資的小型股，我是在什麼樣的情況下留意到這支股票、研究它、進而實際投資呢？以下引用我當時的記錄，以較真實的角度為各位解說。

　　二〇一九年，我注意到了一家建設公司——「Lib Work」，公司的基本資料如下。

Lib Work（1431）

以熊本、福岡、佐賀為據點的訂製住宅建設公司

- **上市**　　　東證 Mothers（2019 年 6 月 18 日）
- **市值**　　　約 50 億圓（我注意到這家公司的 2019 年 8 月）
- **營業收入**　65 億 9700 萬圓（2019 年 6 月）
- **營業利益**　5 億 3200 萬圓（同上）

▶ 特徵

　　董事長表示，不僅九州，還要進軍全國。以前的訂製住宅皆以高成本的樣品屋為爭取客戶的主要手段，可是將招攬客戶的作業移到網路上後，成本大幅降低。從訂製住宅的企畫、設計到販賣、施工和管理，都能透過網路完成。還揭露了今後的展望是「民宿事業」、「善用空屋事業」和「造鎮事業」等等。

▶ 可以想到的風險

日本人口逐漸減少，因此很難擴大整個訂製住宅產業的市場規模。在這種情況下，要如何做出與其他同業的差異、持續對顧客提供價值就顯得格外重要。擔心突然擴大事業會導致商品、服務的品質變差。而且就算擴大了事業，九州地方的作法能不能適用於全國也還是個未知數。

方向 1 ▶ 整體的投資概念

☑〈投資的理由是？〉

儘管股價過去都在低檔橫向盤整，但自從 2019 年 8 月 9 日公布的財報創下截至目前的最佳表現後，開始受到投資人的注目，原本在 500 圓關卡上下震盪的股價隨著營收增加而急速攀升。這種情況經常會出現股價漲到 2、3 倍的盛況，因此很值得期待。2019 年 8 月 16 日公布的 IR（投資人關係）宣布將以平均 1800 圓的取得價格（當天的股價為 984 圓）執行庫藏股買回（買進自家公司的股票），為推升股價增添了利多消息。

☑〈事業的市場規模為？〉

包括裝潢等相關企業在內，住宅產業的市場規模約 45 兆圓，相當於國家預算的將近一半，是規模相當巨大的市場，但 Lib Work 的市值（約 50 億圓）還小得很，有很大的成長空間。以九州三縣為據點的住宅建設公司中，該公司的營收與利益的成長速度十分驚人，成長動能也比其他同業更大。創辦人兼董事長瀨口力是大股東，可以期待他展現領袖風範的經營策略將繼續推升股價。

☑〈投資期間要抓多長？〉

從訂製住宅的企畫、設計到販賣、施工、管理，是有時間差的商業模式，因此預估投資期間會比平常長，大約 2～3 年。不過也事先想好，要是有什麼狀況會讓這家公司變成「股價在 1 年成長 10 倍的十倍股」，也可能會因為股價在短期內炒得太高而賣出。

☑〈市值的上限是多少？〉

公司在法說會上公布，將以市值在 2023 年達到 500 億圓為目標；如果保守一點，應該會在市值成長到一半左右，也就是 200 億～300 億圓的時候賣出。不過，當市值來到 200 億～300 億圓，公司的經營狀態及市場環境可能都會有很大的變化，到時候再加入那些變數，計算該公司的成長上限。

☑〈市值的下限是多少？〉

假設營收減少 30%，也能確保一定程度的獲利，因此突然破產的可能性很低。此外，即使掉到剛上市（2019 年 6 月）的股價水準，市值也還有 30 億圓左右。因此將風限下限設定在 − 30 ～ − 40% 之間。

☑〈可以承受的虧損範圍是幾%？希望有幾%的獲利？〉

如果將可以承受的虧損範圍設定為剛上市股價還很低迷時期的水準，最大損失為 − 40%。乍看之下，風險好像很高，但是從市值與市場規模來看，可以期待能有 10 倍的獲利（十倍股）。

☑〈投資的期待值是否為正值？〉

綜合以上所述，賠錢的風險為 − 30 ～ − 40% 左右，期待獲利為 ＋ 4 ～ ＋ 5 倍（最多可能超過 10 倍），因此期待值為正值。

方向 2 ▶ **股價如預料中上漲時**

☑ 〈**在什麼情況下要繼續持有股票？**〉

・公司的業績持續成長

・創辦人兼董事長還在第一線坐鎮指揮

・股價呈上升趨勢且維持上漲的走勢

・公司及商品、服務還處於知名度不高的狀態

☑ 〈**在什麼情況下要賣掉股票？**〉

・創辦人兼董事長退休或辭職

・經營團隊開始賣出自家公司的股票

・業績成長率明顯開始鈍化

・公司的商品、服務品質明顯下降

・有什麼其他的外在因素導致公司的商品、服務賣不出去

・超過目標市值

・公司及商品、服務已變得家喻戶曉

・出現其他更想投資的個股

方向 3 ▶ **股價的漲幅不如預期時**

☑ 〈**在什麼情況下要繼續持有股票？**〉

・公司的業績持續成長

・股價在長期移動平均線上推移

☑ 〈**在什麼情況下要賣掉股票？**〉

・公司的業績陷入瓶頸

・股價線圖呈現下降趨勢

‧出現其他更想投資的個股

‧股價長期處於盤整狀態，一直得不到投資人的青睞

方向 4 ▶ 股價出乎意料地下跌時

☑ 〈在什麼情況下要繼續持有股票？〉

‧股價下跌的原因只是暫時的問題

‧公司的業績持續成長

‧從更長遠的角度來看，上升趨勢並沒有受到破壞

‧股價還在事先預期的波動範圍內

☑ 〈在什麼情況下要賣掉股票？〉

‧跌破長期移動平均線且 2 ～ 3 天都，站不回原來的價位

‧明顯已進入下降趨勢

‧股價下跌的原因將對公司業績造成致命的打擊

‧損失超過 30%

☑ 〈什麼時候又要不顧一切地賣掉股票？〉

‧判斷業績已經不會再成長了

‧短期內就超過預測的市值

‧認為股價有腰斬的風險

‧財報造假或違法行為等對公司造成致命的打擊

前10名的大股東

股東名稱	持股數、持股比例
CS控股	2,021,510（37.29%）
瀨口力	680,000（12.54%）
瀨口悅子	671,200（12.38%）
該公司員工持股信託	184,600（3.41%）
瀨口瑞惠	160,000（2.95%）
BNY GCM CLIENT ACCOUNT JPRD AS ISG（FE-AC）	155,800（2.87%）
自家公司的戶頭	136,000（2.51%）
井手尾環	96,800（1.79%）
藤樫勇氣	60,900（1.12%）
酒卷英雄	42,000（0.77%）

（2020 年 6 月 30 日當時）

Lib Work的業績成長

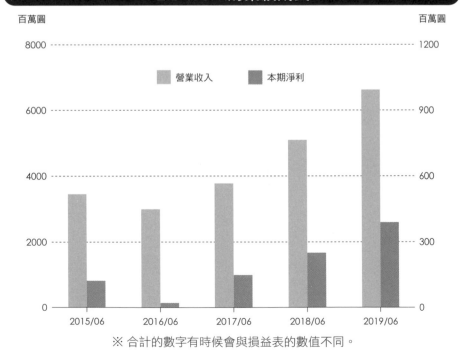

百萬圓　　　　　　　　　　　　　　　　　　百萬圓

營業收入　　本期淨利

※ 合計的數字有時候會與損益表的數值不同。

與同產業的其他公司比較

公司名稱	市值	營業收入	營業利益
大和房屋工業 （1925） 2020年3月 （合併報表）	2兆4800億圓	4兆3802億圓	3811億圓
Tama Home （1419） 2020年5月 （合併報表）	560億圓	2092億圓	99億圓
三澤房屋（1722） 2019年3月 （合併報表）	492億圓	3993億圓	84億圓
Lib Work（1431） 2019年6月 （單獨報表）	50億圓	66億圓	5億圓

∵ 選股達人小叮嚀

董事長是大股東，利益和其他股東一致，營收和淨利都逐年穩定成長，和同產業的其他公司比較，發展大有可為！

姓名：瀨口力
職稱：董事長
個人簡歷
來自山鹿市鍋田。
1973 年 12 月 14 出生，現年 45 歲。
熊本大學研究所法律系畢業。
1999 年，還是熊本大學研究生的他進入
Lib Work 的前身瀨口工務店有限公司，隔年就任為董事長。
就任以來致力於善用網路招攬客戶的策略。
全體員工有一半都是女性，是一家重用女性的公司，獲經產省選為「百大多元化經營企業」。
推行「住宅試用者制度」，試用者可享委託金額折扣 200 萬圓，取得「無印良品之家」的經營權，
提供用「VR」體驗整棟建築物的方案等各式各樣的改革。
興趣是閱讀，認為「閱讀是所有靈感的來源」。

上市公司名稱　　　Lib Work 股份有限公司
代 表 人 姓 名　　　董事長　　瀨口力
（證券代號：1431 東證 Mothers、福證 Q-Board）
客 服 負 責 人　　　管理部長　櫻井 昭生
（TEL. 0968-44-3559）

本公司董事會決議實施庫藏股買回公告
（依公司法第 459 條第 1 項的規定實施庫藏股買回）

本公司依公司法第 459 條第 1 項的規定，於 2019 年 8 月 16 日召開的董事會中，通過實施庫藏股買回的決議，僅此通知各位股東。

記

1. 實施庫藏股買回的原因
　　因應對該公司全體員工的獎勵計畫及環境變化，決定採行機動的資本政策。
2. 實施庫藏股買回的內容
　　（1）買回股份種類：普通股
　　（2）買回股份總數：50,000 股（上限）
　　　　　（占已發行股份總數〔扣除庫藏股〕之比率 1.9%）
　　（3）買回股價總額：90,000,000 圓（上限）
　　（4）買回期間：2019 年 8 月 20 日～ 2019 年 12 月 23 日
　　（5）買回方法：自集中交易市場買回

[出處] Lib Work 公司官網

以下是我實際投資 Lib Work 的股票後，出席「股東會」時做的筆記。

▶ 股東會筆記

（2019 年 11 月 20 日出席股東會時做的記錄）

· 董事長沒離開過熊本。

· 因為股價上漲，相對地沒有那麼優惠了，所以進行分割。

· 股價是經營者的責任。

· 4 年前在福岡證券交易所上市時的市值為 9 億圓。

· 原本是法律系的學生，立志成為律師時，繼承了原本由父親經營的公司。

· 該公司不只要蓋房子，也要創造人類的新生活。

· 今後將會減少獨棟住宅的興建。

· 住在地方都市可以充分地感受到人口正逐漸減少。

· 是善於用網路招攬客戶的住宅公司。

· 自 25 歲就任董事長至今約 15 年。

· 利用網路招攬客戶，讓他們體驗樣品屋，藉此提升簽約率。

· 設置多個型錄網站，用來打廣告。

· 大量生產專門網站，針對符合該網站訴求的人推出適合他們的廣告。

· 真正好的物件絕對不會出現在網站上。

· at home（註：不動產資訊的綜合網站）上的資訊都是賣剩的物件。

· e 土地 net（註：熊本縣、福岡縣、佐賀縣、大分縣的土地資訊搜尋網站）不收手續費，所以也會有好物件。

- 地方都市幾乎沒有人想買土地來投資。

- 這次是第一次直接面對股東。

- 當然也正在考慮將事業版圖擴展到關東。

- 大公司只提供樣品屋的 VR（註：虛擬實境），Lib Work 提供所有住宅的 VR。

- 要是能與優衣庫（註：迅銷旗下）合作好像會很有趣。

- 光靠自家公司能做的事還是有限，未來打算與各式各樣的公司合作。

- 已經與多家公司討論合作事宜。

- 其中也有會令各位大吃一驚的公司。

- 員工有一半以上都是女性。

- 從總公司走到便利商店 30 分鐘、走到公車站 30 分鐘。

- 目前的公司規模為 150 名員工，本期共雇用 27 名應屆畢業生，未來預計錄取 50 名應屆畢業生。

- 施工前就會收取 7 成的款項，因此金流不虞匱乏。

- 目前在獨棟住宅市場的市占率為 0.1%。

- 以在東證一部上市為目標，因此先在東證 Mothers 上市。

- 現階段想先在東證 Mothers 突顯出存在感，再來才會考慮東證一部。

■問答內容

Ｑ 網路集客力成長的理由？

Ａ 網路集客力原本就很有成效，可惜沒有樣品屋，所以簽約率不高。接下來只要蓋好樣品屋，就能顯著地提升簽約率。

Ｑ 今後在全國展店時會推行什麼樣的策略？

Ａ 與其他公司合作。建築物很重要，土地也非常重要。從 e 土地 net 收集哪一塊土地比較搶手的資訊。

Ｑ 今後的方針是？

Ａ 我認為公司內部必須一手掌握整個工程的製造過程。從應屆畢業生招募木工，提供 3 年有底薪的職前訓練。第一線不請工頭，引進讓所有人都能了解現場狀況的系統。導入稽核表，讓確認重點系統化。

Ｑ 有其他做為標竿的競爭對手嗎？

Ａ 不太將其他公司視為競爭標竿。而是把焦點放在亞馬遜、優衣庫等異業公司，希望能從他們身上學習到什麼。

Ｑ 會讓應屆畢業生的新進員工做什麼工作？

Ａ 利用網路招攬到客戶後，由應屆畢業生實際負責跟進。雇用應屆畢業生的原因是因為他們比較不在乎薪水，對夢想有共鳴。轉換跑道的人會比較在意薪資條件。最近還有當 YouTuber 的應屆畢業生加入，所以明年會成立 YouTube 頻道，我想一定很好玩。整體員工的組成為綜合職 46 名、事

務職 4 名、木工 1～2 名，綜合職有一半是業務員、另一半則負責設計及企畫、公司內部的工作。

Q 可以實際在樣品屋住住看嗎？

Ⓐ 我正打算這麼做！

Q 如何處理評價？

Ⓐ 我認為如果想提升業績，關鍵就在於客戶的評價。萬一客人覺得不滿意，一切都是我們的錯。

Q 市值的目標規模是多少？

Ⓐ 為了在東證一部上市，期許至少 5 年內要先達成市值 500 億圓的目標。

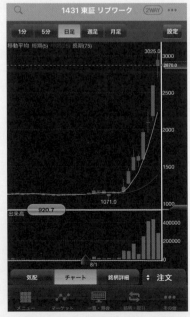

[出處] Monex 證券

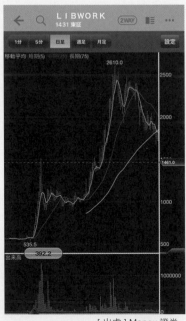

[出處] Monex 證券

FOCAL POINT ————————————————————

買進股票後，
一定要做的 7 件事

買進股票後，該怎麼做才好呢？不需要天天檢查股價的波動，只要在每天、每月、每季、每年，做該做的事情就好。

 （1）每天檢查一次股價就好

檢查有沒有發生伴隨著暴或大量的股價急跌等等異常狀況。不妨利用上下班或搭車、中午休息時間撿查。只要股價沒有急漲或暴跌，就可以放著不管；用手機下載應用程式，不到一分鐘就能輕鬆檢查。

萬一股價發生異常，就要切換到「緊急模式」再仔細檢查。當股價劇烈波動時，很有可能是因為出現什麼訊息（這時要上公司網站檢查下面說明的「IR 公告」）。

 （2）每月檢查一次公司的「IR公告」

這項公告會放在公司的網頁上，藉由事先檢查 IR 公告，幾乎可以將該公司與其他公司的合作、新商品、新服務、實施庫藏股、股票分割等等重要的情報一網打盡。如前所述，如果每天檢查股價時，發現股價劇烈波動，這時一定要再檢查 IR 公告。

（3）注意每季的「法說會」、每年的「股東會」時間

　　當每季法說會或每年股東會的資料一旦公布，建議一定要看過一遍。尤其是法說會的資料，通常都會整理成散戶也看得懂，所以一定要看。很多公司都會將法說會的影片上傳到公司網站，可以感受到董事長及財務、IR 負責人的為人，所以建議也看一下。

（4）平均每個月一次，尋找新的投資對象，對持有的股票進行「定點觀測」

　　檢查各業務的主要數值是否順利成長，如果是連鎖餐飲業的公司要檢查展店的數量，如果是販賣手機遊戲的公司要檢查應用程式的下載（DL）數量及使用者人數的成長狀況。

（5）盡可能參加每年一次的股東會

　　我之所以推薦大家集中投資，主要是因為藉由過濾投資標的，買進股票後也能仔細研究各項資料。很多公司會將股東會的影片上傳到公司網站，但是從網路上得到的訊息，與實際前往會場得到的訊息在「本質」上完全不一樣。

　　受到新冠肺炎疫情影響，股東會今後會怎麼運作還是個未知數，但實際置身於股東會的會場裡，可以得到網路上得不到的真實情報，例如經營團隊的幹勁及自信、其他股東的感覺等等。

（6）檢查「上市公司季報」及「分析師報告」

　　「上市公司季報」及「分析師報告」一旦公布，請務必從「第三者如何看待自己持有的股票？」的角度來檢查。

只要用「持股名稱」和「分析師報告」的關鍵字在網路上搜尋，就能找到分析師報告，上市公司季報也可以只看自己手中持股那幾頁。大部分的證券公司都會免費提供各公司的上市公司季報給開戶的人審閱，可以透過手機軟體看上市公司季報的證券公司也愈來愈多。

☑（7）利用空檔檢查持股的相關訊息

養成每天隨手搜尋「公司名稱」、「商品名稱」、「董事長姓名」等關鍵字的習慣，檢查社群軟體或相關新聞，更新自己持股的相關訊息。

社群網路上的訊息良莠不齊，但只要跳過投稿者的臆測或拉高出貨的「帶風向」謠言，只汲取有數字佐證的「事實」，再也沒有比網路更能在第一時間有效獲取資訊的管道了。

此外，為了掌握手中持股的價格波動慣性，也可以在結算前後或公司發表新商品、服務等訊息的時候，比平常更頻繁地檢查持股狀況。

每月更新一次投資策略，以反映出最新消息及股價的圖形、事業的進度等等。此舉也有更新資訊的作用，當每個月更新一次持股狀況時，請確認以下幾點。

▶ 每月維護一次持股

☑ 重新確認買進該股票的原因
☑ 問自己現在還想買這支股票嗎？
☑ 檢查事業是否正順利地推動
☑ 檢查已經達成目標市值的幾成
☑ 檢查投資策略有沒有變更（視必要修正）
☑ 檢查股價線圖的趨勢有沒有受到破壞
☑ 檢查有沒有關於那支股票的最新消息或新聞
☑ 檢查全球市場有沒有發生重大的變化

買進股票後的確認重點

每天

● 股價

[目的] 股價劇烈波動時要調查原因（沒有的話不用看）

緊急狀況！

‧ 股價因最新消息或結算前後而劇烈波動時
‧ 漲停板或跌停板時
‧ 研究賣出持股的具體時機時

} 再仔細地
研究一下

每個月

● IR公告

[目的] 檢查有沒有足以影響投資判斷的新消息

● 檢查指標（分店、會員、下載次數等等）找出新的投資標的

[目的] 找出新的投資標的，檢查其業務是否順利進行

每3個月

● 法說會、公司季報、分析師報告

[目的] 掌握結算前後的股價波動、掌握事業的進度、掌握第三者的評價

每年

● 出席股東會

[目的] 了解經營團隊及員工的士氣、了解其他投資人的屬性

剩餘時間

● 社群網路或新聞

[目的] 檢查有沒有足以影響投資判斷的新消息

錢會流向「有需求」的地方

世界上有兩種經濟，分別是「實體經濟」與「金融經濟」。

實體經濟是我們為了生活所需賺錢、花錢的經濟圈，金融經濟則是有錢人或投資基金以賺錢為目的的經濟圈。

GDP（國內生產毛額）及貿易收支、CPI（消費者物價指數）等等，都是表示實體經濟結果的數值。

我們在日常生活中購買商品、使用服務時的金錢往來全都是實體經濟。每天買東西的花費、水電瓦斯費、伙食費、交際費、交通費等等，以金錢交換有形的商品和服務，是實體經濟的特徵。

另一方面，不是使用於生活中的金錢，例如股票及債券等金融商品或投資不動產……等，以增加金錢為目的所進行的交易則為金融經濟。

發明金錢的目的是為了讓實體經濟能順利進行下去。金錢可以交換到等價的物品，也能用來做為衡量商品、服務價值的量尺，還便於保存，因此金錢是有助於實體經濟順利推行的工具。

過去，金融業曾經一度被視為卑賤的職業，甚至被戲稱為「高利貸」。直到 1980 年代為止，實體經濟與金融經濟的比例約為 9：1，可見大部分的金錢交易都屬於實體經濟。

然而，上述的比例如今已然逆轉，實體經濟與金融經濟的比例變成 1：9，金融經濟的規模出現壓倒性的成長。

我猜各位都在經濟新聞之類的報章雜誌上看過「全世界的錢多到不知該如何是好」這種話，這是指金融經濟，而不是實體經濟。

2015 年曾經風靡一時的法國經濟學家湯瑪斯‧皮凱提的著作《二十一世紀資本論》裡有一個很有名的公式：

r（資本收益率）＞ g（經濟成長率）

「r（資本收益率）＝金融經濟」＞「g（經濟成長率）＝實體經濟」——換句話說，比起實際以豐富人類生活為目的的「實體經濟」成長率，以增加金錢為目的的「金融經濟」成長得更快。

景氣好壞會更迭，但世界上流通的金錢總量不太會變動。在金融經濟的市場上，錢永遠在追求「能更有效率賺到錢的地方」，在市場上來來去去。

倘若世界上的某個地方發生戰爭，金錢會立刻流向需求一定會增加的原油（因為打仗需要原油）；當企業的業績表現得很出色時，錢就會流入股票市場，當前景不明確時，錢就會流向人稱安全資產的國債或黃金。

錢會爭先恐後地流向看起來有賺頭的投資標的，一旦看起來沒有搞頭了，錢也會爭先恐後地逃之夭夭。如此一來，金錢集中的標的物價格會上揚；金錢離開的標的物價格會下跌——金融經濟世界裡的錢總是隨時在尋找停泊的港灣。

金融經濟的目的原本應該是協助實體經濟，讓實體經濟運作得更順利，如今卻自顧自地愈來愈膨脹，將實體經濟拋在腦後。也有人認為金融經濟不僅不再是實體經濟的助手，反而成為壓榨從事實體經濟的人的幫兇。

這裡不打算討論金融經濟變成這樣是對是錯，但也因為現在的經濟結構變成這樣，我們才更應該研究「投資」這個選項。

CHAPTER 4

會獲利的投資人，只看這些穩賺資訊

投資勝利組篩選資訊的技術

在這一章當中，會為大家說明「收集資訊」的方法。

現代人多半以網路為收集資料的主要方法，長期處於慢性「資訊過剩」的狀態。在這樣的時代，**如何篩選資訊（跳過不看），比如何收集資訊更重要！**對於現代人而言，「不接觸不需要的資訊」比起「收集需要的資訊」來得更需要方法。

一開始滑手機，總會無意識地點開與目的無關的網頁，不知不覺就過了 30 分鐘……我猜各位都有過這種經驗吧？

為了避免這樣的狀況，必須先意識到自己「現在需要哪些資訊，不需要那些資訊」。接著就來稍微練習一下，只要遵循兩個簡單的步驟，就能大幅提升篩選資訊的能力。

請看下一頁的畫面，試著寫出以下兩點：

Q1 點擊了哪些報導？

Q2 為什麼要點開這些報導？

每天的新聞資訊非常多，
要懂得挑選「自己需要的」，
不然都是浪費時間～

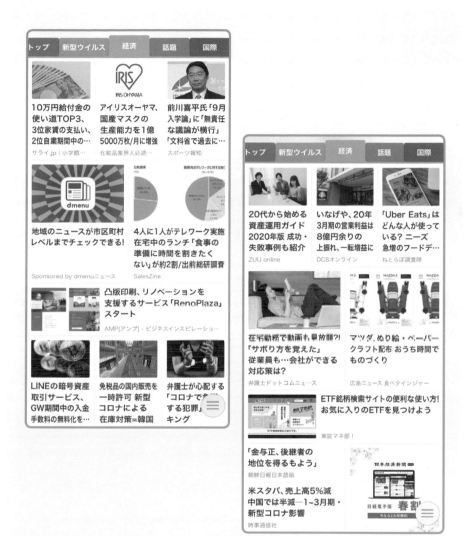

如何？

「就只是有點好奇」、「被關鍵字吸引」、「以為可以得到有用的資訊」──其中是否有基於這種無關痛癢的理由而點開的新聞？如果只是為了打發時間才打開來看看倒也無妨，但如果是為了有效率地得到投資訊息，就必須再深入思考一下。

比方說，假設點開〈十萬圓補助金的用途 TOP3，第三名是付房租，第二名是居家隔離時……〉的標題，以「投資為目的」的人與「不以投資為目的」的人，點開這篇報導的原因也不一樣。

> **❯ 不以投資為目的的人**
>
> ☑「大家都把補助金花在什麼地方？」
> ☑「付房租我可以理解，那第一名是什麼？」

> **❯ 以投資為目的的人**
>
> ☑「根據補助金花在什麼地方，或許能知道接下來哪些行業或公司的股價會上漲」
> ☑「或許能知道個人消費特別活絡的產業」
> ☑「萬一補助金不是用來消費，而是轉為儲蓄，就無法達到政府期待的經濟效果了……」

明明看的是同一則新聞，有沒有目的，從中得到的「靈感」重點也會不一樣。

　　如果具有明確的目的「想運用在投資上」，就能立刻排除與投資無關的資訊，有效率地選擇資訊。

　　舉例來說，如果「只看與投資有關的新聞」，就能對新聞做出以下的選擇或取捨。

> **愛麗思歐雅瑪生產國產口罩的產值將提高到1.5億/月～**

➡ 口罩的產量若繼續增加，價格就會下跌。如此一來，口罩廠商的股價也可能會下跌

> **前川喜平提倡9月開學～**

➡ 無關緊要的消息，跳過

> **平均每4人就有1人在家工作～**

➡ 在家工作的方式也逐漸變成常態了呢。一旦線上會議標準化，將不再需要辦公室，房屋市場可能會受到相當大的衝擊，而與在家工作有關的需要則會增加

> **凸版印刷提供支援住宅裝修的服務～**

➡ 今後對住宅裝修的需求確實還有成長空間，雖然對這項新服務充滿好奇，可惜不太熟悉這個行業，等有空的時候再來仔細研究

> **LINE的加密貨幣交易服務在黃金週免收匯款手續費～**

➡ 無關緊要的消息，跳過（因為加密貨幣不在投資範圍內）

> 韓國暫時允許免稅商品在國內販賣～

➡ 只是暫時性的政策，跳過

> 律師憂心因為新冠肺炎而急速增加的犯罪排行榜～

➡ 如果是真的，防犯用品的需求可能會增加。不過只以「憂心」二字表達，大概還在預測的階段，沒什麼參考價值的消息

> 教您如何從20歲開始運用資產～

➡ 這種標題通常是黃鼠狼給雞拜年，可以跳過

> 裕毛屋20年3月期的營業利益比預期高出8億多圓～

➡ 受到疫情影響，外食人口減少的另一方面，自己煮飯的需求增加了。因為在家小酌的需要，酒和廚房用品的營收可能也會增加

> 到底都是那些人在使用呢？ Uber Eats的需求急增～

➡ 食物外送的需求想必會增加吧。但至於是誰在用，則是無關緊要的消息，跳過

> 在家工作也能影片看到飽？！～

➡ 線上影片的需求大概會增加。在家工作導致打混摸魚的人也增加了，所以網路漫畫等需求大概也會增加

> 馬自達著色畫～

➡ 無關緊要的消息，跳過

> ETF個股搜尋網站～

➡ ETF（指數股票型基金）不在投資範圍內，跳過

> 金與正取得繼承人地位～

➡ 對於集中投資小型股是無關緊要的消息，跳過

> 美國星巴克營收減少5%～

➡ 這不是廢話嗎？因為肺炎的疫情，幾乎所有店鋪都關門了。不如説只減少5%已經很厲害了。再這樣不能開門做生意下去，營收還會繼續減少，業績也會持續惡化吧

　　要像這樣瞬間判斷是不是需要的資訊，絕不把時間浪費在不需要的資訊上，必須毫不戀棧地跳過。網路上的新聞有很多聳動的標題都只是為了賺點擊率（PV），內容一點也不重要。

　　重點在於擷取「可能與投資有關的新聞」，而不是「你在意的新聞」。

FOCAL POINT ────────────────────

解讀投資訊息的三個重點

為了讓訊息對投資有所助益，必須只看「事實」，因此要遵循以下三個重點。

> ☑ 區分「意見」與「事實」
>
> ☑ 試著轉換成「簡單的詞彙」
>
> ☑ 站在「對方的立場」，思考「為什麼？」

☑ （1）區分「意見」與「事實」

所有的訊息都有其來源，有的訊息在書寫時，會注意要客觀地只提供「事實」，但是也有很多訊息充滿了訊息來源的（主觀）意見。

重點在於養成自己在閱覽訊息時，把「意見」與「事實」分開來思考的習慣。基本上，只有「事實」才能實際運用來投資股票。

尤其是推特或臉書、部落格等等個人經營的網站，經常都會把自己的「意見」寫得跟「事實」一樣。

企圖拉高自己持有的股票價格而「帶風向」的人也不少，請務必只看「事實」，而非對別人的（主觀）「意見」照單全收。

除非訊息來源是已經認識很久，或是對於那位寫手／部落格主（KOL）充滿信賴，相信「那個人的意見值得一看」，可以做為自己評

斷的參考。

 （2）試著轉換成「簡單的詞彙」

　　無論是什麼樣的訊息，唯有轉換成簡單的詞彙之後，才能「真正理解」那個訊息的意思。

　　請各位看一下這篇新聞，試著轉換成簡單的詞彙。

軟銀集團出售 4.5 兆圓的資產，買進 2 兆圓的庫藏股

2020 年 3 月 23 日 14:07（2020 年 3 月 23 日 15:15 更新）

軟銀集團（SBG）於 23 口宣布為了買進庫藏股並削減負債，打算出售 4.5 兆圓的資產或轉換為資金。預估將以其所投資的中國‧阿里巴巴集團及國內通訊子公司軟體銀行等上市股票為主要對象。出售資產取得的資金中，除了買進最多 2 兆圓的庫藏股外，亦將藉由壓縮負債來強化財務狀況。
SBG 做為投資公司所持有的股票價值超過 27 兆圓。另一方面，SBG 本身發行的股票在 19 日的市值約 6 兆圓。相對於其所持有的股票價值，自家公司的股價被嚴重低估。為了提升市場對自家股票的評價，決定利用公司資產大膽地收購庫藏股及壓縮負債。
上述交易將於未來的第四季實施，此舉預計取得 4.5 兆圓的資金，其中最高達 2 兆圓的資金將用來買回自家公司的股票。此為 13 日發表的上限。

[出處] 日本經濟新聞電子版

將這段新聞翻譯成簡單的白話文，會變成以下這樣：

☑ 「賣掉持股，用賺來的錢還債、買進自家公司的股票」

☑ 「軟銀集團持有約當於 27 兆圓的股票，市場上對集團的評價卻只有 6 兆圓，太便宜了，所以我們要買回自己的股票！」

新聞裡用到「出售資產」和「壓縮負債」之類的會計用語，但簡單地說就只是「賣掉持股，用賺來的錢還債、買進自家公司的股票」。只要養成將新聞轉換成白話文的習慣，就能提升對於投資訊息的理解程度。

（3）站在「對方的立場」，思考「為什麼？」

接著請以這則新聞為基礎，試著站在對方（軟銀集團）的立場思考「為什麼？」這則新聞可以整理成以下兩個重點。

☑ 軟銀集團要賣掉 4.5 兆圓的持股

☑ 再用賣掉持股的收益來清償負債並買回庫藏股

那麼，軟銀集團為什麼要這麼做呢？

企業的一舉一動都有其背後的理由。首先是「賣掉持股」的行為，背後隱藏以下兩個可能性。

☑ 「認為股票再抱下去，價格也不會上漲，所以賣掉」

☑ 「需要現金，所以賣掉」

如果軟銀集團認為持股的股價還會繼續上漲，不需要立刻換成現金，應該就不會採取賣掉持股的行動。

從「賣出持股」的新聞可以看出「有必要立刻賣出」的意圖，那麼，為什麼必須立刻賣出呢？新聞提到，軟銀集團宣布要用賣出持股的收益「清償負債」及「買進庫藏股」。

像這樣循序漸進地思考，就能看清這則新聞的本質。換言之，軟銀集團必須「清償負債」及「買進庫藏股」，為此不惜賣出持股。

事實上，早在這則新聞見報前，軟銀集團的股價就已經大幅下滑了。

軟銀集團抵押持股，向銀行借錢，進行巨額的投資，所以自家公司的股票若跌得太慘，用來抵押的股票在資產評估價值上也會跟著下降，產生「超貸」風險。

舉例來說，就像「抵押 1000 億圓的股票向銀行借 800 億圓，萬一股價腰斬，抵押價值就只剩下 500 億圓」。

明明抵押價值只有 500 億圓，卻借了 800 億圓，站在銀行的角度上，自然會要求「不是追加 300 億圓差額的擔保品，就是先還 300 億圓的現金」。

軟銀集團沒有那麼多現金，只好賣掉手中持有的股票換成現金，還錢的同時也買回自家公司的股票。

之所以不止還錢，還要買回自家公司的股票，是盤算著只要自家公司的股價上漲，抵押給銀行的擔保品（股票）的資產評估價值也會跟著上升，就不需要再另外追加擔保品以彌補差額（當然這裡頭也有幾分認為「自家公司的股價太低了」的想法）。

說穿了，這次還款的原因還是因為股價下跌，只要買進自家公司的股票，撐住股價，銀行就不會逼軟銀集團「馬上還錢」。因此可以將這則新聞整理如下：

☑ 「軟銀集團的股價暴跌，向銀行貸款時做為抵押的股票價值銳減，必須馬上向銀行追加擔保品」

只要像這樣站在對方（公司）的立場來解讀訊息，就能掌握每件事的本質。

FOCAL POINT

這則新聞會大幅影響業績嗎？

因為疫情，經常有人問我：

> **Q** 看到隨著疫情愈來愈擴大，大型電子製造廠商夏普開始販賣口罩的新聞，因為其所提供的是「世人需要的商品」，還以為股價會上漲，沒想到股價文風不動……這是為什麼呢？是因為口罩只是暫時性的需求嗎？

這是個非常好的問題。看到「開發新事業」「推出新商品」「商品大賣」之類的新聞，還以為股價會上漲，實際上卻一動也不動，這種例子多如過江之鯽。

重點在於「整家公司的事業規模」與「單項業務的事業規模」之間的比例。

像夏普這種公司的事業規模太大了，即使口罩這項新事業的單一商品熱賣，對業績的貢獻也極為有限。由此可知，對股價的影響也極為有限。

因此在評估時，絕不能少了「該事業對整家公司的業績會造成多大的影響？」的觀點。

股價與該公司創造的業績息息相關，業績愈好，股價愈高，如果整家公司的業績沒有起色，股價也不會有起色。

夏普是一支市值約 6700 億圓（2020 年 8 月規模）的大型股，與整家公司的事業規模比起來，販賣口罩的事業規模實在太小了。

做為消息的新聞價值很高，有助於公司 PR（宣傳），只可惜對股價幾乎沒有任何影響。

　　如果是規模比較小的公司（小型股），對整家公司的業績則會造成比較大的影響，股價或許就會上漲。

　　再具體地看下去。

　　夏普發表的口罩產量第一次（2020 年 4 月 27 日）是 3 萬盒、第二次（2020 年 5 月 6 日）是 6 萬盒、第三次（2020 年 5 月 13 日）是 6 萬盒，共計 15 萬盒，採取「抽籤販賣」的方式銷售。

　　價格為 1 盒（50 片裝）2980 圓（未稅），如果全部賣光，1 盒 2980 圓 ×15 萬盒＝ 4 億 4700 萬圓。假設營業利益率為 20％，即為 9000 萬圓。再假設以這個速度生產一整年，一年的產量約 300 萬盒，營業收入約 89 億圓，營業利益約 18 億圓。

　　相對於此，夏普整家公司 2019 年度結算的營業收入約 2 兆 4000 億圓，營業利益為 841 億圓。

夏普

- **市值**　　　　　6820 億圓
- **營業收入**　　　2 兆 4000 億圓
- **營業利益**　　　841 億圓

　　一家營業收入約 2 兆 4000 億圓、營業利益為 841 億圓的大公司，就算加上新的營業收入 89 億圓和營業利益 18 億圓，也只占營業收入的 0.4％和營業利益的 2％，影響微乎其微。這也是口罩這項新商品未能反應在夏普股價上的理由。

　　然而，如果是規模比較小的公司（小型股），對股價就會有很大的影響。

> ### 規模還小的A公司
>
> ▪ **市值**   100 億圓
> ▪ **營業收入**   10 億圓
> ▪ **營業利益**   1 億圓

　　如果是營業收入只有 10 億圓的小公司，加上口罩這項新商品的營業收入 89 億圓，營業收入約 100 億圓，規模將一口氣擴大到 10 倍。

　　營業利益也從原本的 1 億圓加上 18 億圓，暴增到 20 倍的規模。

　　如果是 A 公司（小型股），不難想像股價會急速上升。

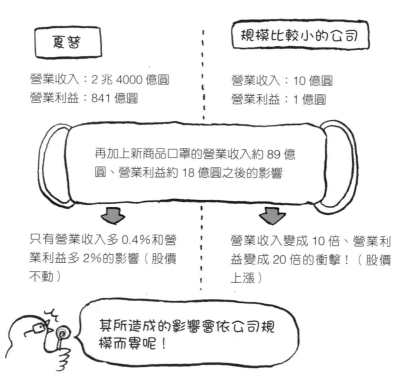

由此可知，即使發表了一模一樣的消息，根據發表這個消息的公司整體事業規模，股價的反應將完全不一樣。

大企業（大型股）營業收入及營業利益的規模原本就很大，如果是微不足道的「新業務」或「新商品」，對業績的影響十分有限，股價也不會有太大的變動。

然而，如果是小公司（小型股），不只這些「新業務」或「新商品」的風吹草動，就連「與其他公司合作」，都有可能帶來足以讓整家公司業績暴衝的影響。

這也是我應該投資小型股而非大企業的原因。

 FOCAL POINT

股價下跌，一定是買進的機會？

投資股票的基本心法為「逢低買進、逢高賣出」，但是有很多投資人都以「上菜市場買菜」的心態在買股票。

如果是買菜，菜都一樣，所以判斷「價格下跌＝便宜」並沒有問題。

如果趁菜販快要打烊的時候才去，以半價買進一把 500 圓的菜確實很划算。

但股票市場並非菜市場。倘若公司體質爛透了，無論股價跌到多便宜，一旦買進就是買貴。以下是判斷股價貴或便宜的基本標準。

▶ 股價貴或便宜要這樣判斷

☑ 貴的股票＝公司未來的價值＜公司現在的市值
☑ 便宜的股票＝公司未來的價值＞公司現在的市值

　　先想像一家公司是「會生金蛋的母雞」，假設市場上有隻 100 萬圓的母雞，這隻母雞每天能生下一顆 1 萬圓的雞蛋。這時母雞是貴還是便宜的判斷來自「每天下一顆金蛋能下到什麼時候？」

　　如果可以連續 100 天生下 1 萬圓的金蛋，就能回收買下這隻雞的成本，再來都是賺的。如果是既年輕又有活力的母雞，今後的 2 ～ 3 年、每天都能下蛋的話，這隻雞真的非常便宜。

　　然而，如果花 100 萬圓買下的是隨時停止下蛋都不意外的弱雞，等於背負著無法回收買雞成本的風險。同理可證，投資股票的時候，「這隻雞能生金蛋到什麼時候」遠比「這隻雞的標價」重要。

　　便宜的雞一定有便宜的理由，可能是生病了，也可能 2 ～ 3 天才能下一次蛋。因此，基於「超跌」的理由輕易買進下跌的股票，十分危險！

　　股價下跌的時候，必須徹底研究該公司的體質，檢查業績有沒有問題，才能判斷股價是否「超跌」。

買「價值」
比買「價格」重要彡啦！

股價跌深反彈的三個條件

就像疫情剛發生時，雖然只是暫時性的風險，可是當整個股票市場都在暴跌，體質再怎麼優良的股票也無法倖免。

當持股的價格愈跌愈低，投資人很容易嚇得抱不住，但愈是這種時候，通常一賣掉，股價就愈有可能會立刻大幅度地反彈。

根據我本人的經驗，業績陷入瓶頸的個股，一旦下跌就很容易陷入向下盤整的趨勢。但如果是業績穩健成長的個股，即使短期下跌，大部分也會在股價跌掉 30％ 左右的地方打底，隨即恢復上升趨勢。

當以下三個條件同時成立時，股價通常都會跌深後反彈。

☑ 業績很好而且還有成長空間的公司

☑ 線圖持續呈現上升趨勢

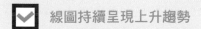
☑ 股價下跌的原因與業績無關

以下舉出一個符合「跌深反彈」三要件的實例為大家說明，這家公司是提供線上問診應用程式「CLINICS」給醫療機構、在東證 Mothers 上市的「MEDLEY」（4480）。

請看以下的線圖，股價並非一路攀升，而是反覆上上下下地、慢慢呈現上漲的趨勢。

觀察股價可以漲成好幾倍的個股「上上下下」的幅度，通常可以發現，在創下短期新高後會先跌個 30％，再重新上漲的線型。

　　如果是中長期大幅度成長的個股經常會出現股價上下波動 30％的狀況。以股價成長 3 倍以上為目標投資時，請務必做好股價大約會波動 30％的心理準備。

時間：6 個月　　類型：日 K

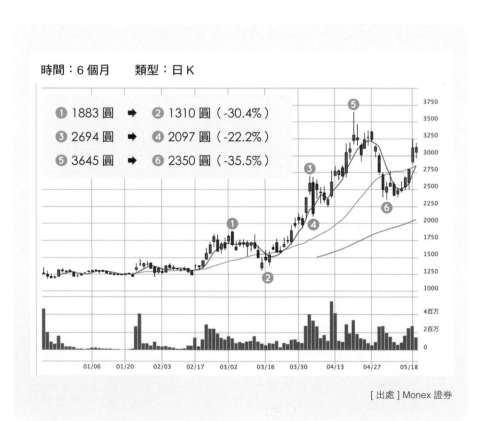

❶ 1883 圓　➡　❷ 1310 圓（-30.4%）
❸ 2694 圓　➡　❹ 2097 圓（-22.2%）
❺ 3645 圓　➡　❻ 2350 圓（-35.5%）

[出處] Monex 證券

你會買 1 瓶 300 萬圓的威士忌嗎？

　　聽到有 1 瓶（700ml）300 萬圓的威士忌，你會怎麼想？

　　這瓶威士忌含稅價格 330 萬圓，限量 100 瓶，全數採抽籤販售，只接受匯款，且要求一次付清，不能分期付款。

　　一般人的反應，通常會這樣——

　　「1 瓶 300 萬圓的威士忌究竟是什麼味道啊？」

　　「誰會買這麼貴的威士忌啊？」

　　「1 瓶 300 萬圓的威士忌是在開玩笑嗎？」

　　或許已經有人猜到了，這瓶威士忌是 2020 年 2 月上市，三得利年份最久的威士忌「山崎 55 年」。

　　儘管價格高達 300 萬圓，如果要參加限量 100 瓶的抽籤販售，還必須寫一篇 400 字以內的小作文，表達對單一純麥威士忌山崎的回憶或想法。儘管開出門檻這麼高的條件，申請書依舊如雪片般飛來。

　　依照正常人的價值觀，再怎麼熱愛威士忌，大概也不會想買 1 瓶 300 萬圓的威士忌。這時不妨稍微換個角度，對這個價位的看法就會截然不同。

　　三得利以前也有過好幾次以抽籤販賣的方式銷售「山崎 50 年」這款威士忌。2011 年限量 150 瓶的「山崎 50 年」，定價是 100 萬圓。

　　這瓶「山崎 50 年」2018 年 1 月在香港拍賣，以驚人的價格售出——得標價居然高達 3250 萬圓。100 萬圓買的威士忌，只過了 7 年居然漲到 32 倍以上。

　　從上述的拍賣實例來看，很容易想像「山崎 55 年」今後也將具有相當高額的收藏價值。

　　以現有的古老原酒釀造的威士忌能製造的數量本來就很有限。2011 年上市的「山崎 50 年」，只用距離 2011 年 50 年以上的桶裝原酒調配

而成，而 50 年以上的原酒不可能再增加了。

「山崎 50 年」不管是喝掉還是打破，數量只可能減少，絕對不可能再增加；也就是說，隨著時間經過，只會變得愈來愈珍貴。

● 數量有限且今後不會再增加
● 價值隨時間經過愈來愈高
● 隨時都有人想要

——滿足以上條件的不只威士忌，知名酒莊的葡萄酒、限量的法拉利、繪畫等藝術品……等，價值都會隨時間經過愈來愈高。只要保存狀態良好，就能以更高的價格賣出。

有人買進義大利的高級跑車法拉利沒多久就賣掉，他們不只是因為有錢才這麼做。他們很清楚法拉利的市場，買進全新的法拉利，享受完馳騁的樂趣後，立刻轉手到中古市場。這麼一來，還能以比買進新車時更高的價格賣出。

全新的法拉利從下訂到交車要花好幾年，因此有不少人寧願多花點錢，也想立刻買到新古車，不想等待。

看在一般消費者眼中，通常聽到「1 瓶 300 萬圓的威士忌太貴了，買不起」就會停止思考；然而，看在投資人眼中，會產生完全相反的想法：「300 萬圓就能買到最便宜也要好幾千萬的威士忌，太便宜了！」

順帶一提，這瓶定價 300 萬圓的「山崎 55 年」，後來在 2020 年 8 月 21 日於香港邦瀚斯舉辦的拍賣會上以 620 萬元港幣（約 8400 萬圓）結標。

不只威士忌及法拉利、美術品，在各式各樣的情況下都能看到這種思考邏輯上的差異。例如像「六本木 Hills 俱樂部」或「方舟山俱樂部」……等，可以利用各種設施的高額會員制俱樂部也是如此。

方舟山俱樂部開設在東京赤坂，位於由辦公大樓、住宅、飯店、音樂廳……等構成的複合式設施「方舟山 Hills」的頂樓（37 樓）。

由設計包含六本木 Hills 在內等，東京都內許多高級物件的大型不動產公司「森大廈」經營，並未公開召募會員，至少要有 1 位理事和 1 位會員的推薦才能加入。

入會時要繳交 400 萬圓（包含 90 萬圓的入會金）、年會費 25 萬圓，是非常昂貴的會員制俱樂部。看在一般消費者眼中，可能會覺得「會費未免也太貴了，付不出來！」但實際繳交這筆金額的會員都認為加入俱樂部具有這筆金額以上的價值。

據說樂天的三木谷浩史會長兼社長和軟銀集團的孫正義會長兼社長也都是「方舟山俱樂部」的會員，**「置身於唯有支付高額會員費的人才能參加的環境」，這件事本身就具有相當大的價值。**

這點也能用來解釋價值不菲的高爾夫球會員證或研討會講座之所以搶手的原因，乍看之下似乎付了非常昂貴的會費，但是從中可以得到人脈或知識技術的價值遠高於支付的會費。

1 瓶 300 萬圓的威士忌太貴了，買不起！

300 萬圓就能買到最便宜也要好幾千萬的威士忌，太便宜了！

重點在於是否具有「金額以上」的價值！

CHAPTER 5

一定要
看懂的
股價線圖

FOCAL POINT

綜合「基本面」與「技術」的優點

　　投資股票的分析，大致可以分成「基本面分析」與「技術分析」。基本面分析是從公司的收入或利潤分配、利息或經濟動向等宏觀的角度，來預測股價是貴還是便宜。另一方面，技術分析則是從過去的股價波動，利用線圖來預測股價的發展趨勢。

　　投資人也分成「基本面分析派」與「技術分析派」，簡直就像對立的派系，但也沒必要一定要選邊站，**兩種分析各有優缺點，最好汲取兩種分析的優點，不要側重於其中一種**。

　　我本人是以「基本面分析：技術分析＝ 7：3」左右的比例來處理。那麼，以下便為大家說明這兩種分析的特徵。

▶ 何謂基本面分析？

　　從中長期的角度來看待股價與公司業績（獲利）的比例，澈底地讀通財務報表及營業計畫書，也會參考 PER（本益比）及 PBR（股價淨值比）等指標，買進業績明明很理想，股價卻很低的超跌股。公司的業績很少出現極端的變動，因此一旦投資後，就會以中長期的角度來思考。或許會把技術分析派視為「邪教」？

▶ 何謂技術分析

主張股價取決於買賣雙方的供需平衡，認為基本面分析派重視的財務報表及營業計畫書毫無意義，所有的訊息其實都呈現在眼前的股價波動上，多半都是當沖客及以短期角度買賣的投資人。觀察線圖及買賣盤（各個價位的委買與委賣一覽表）、各種指標，只要覺得股價會比現在這個瞬間還要高就買進、還要低就賣出。很有可能會把基本面分析派的投資人視為「異端」。

說得更簡單一點，**基本面分析派的投資依據，來自預測業績會有中長期的成長，技術分析派的投資依據，則來自預測眼前的股價會有短期波動。**

那麼，集中投資小型股的投資者，該怎麼做才好呢？

我之前曾經提過，投資時如果將本益比等等的基本面指標奉為圭臬，不見得能賺到錢。

以 PER（本益比）為例，這是以「假設今後的獲利也會永遠跟現在一樣」的前提計算出來的指標，老實說不切實際；基本上一家公司不可能永遠維持相同的獲利，因此這其實是脫離現實的指標。

至於 PBR（股價淨值比）則是基於某個時間點的帳面價值（帳面上的價格）計算資產價值的指標，因此會與實際賣出資產時的價格不同。

這些基本面的指標對我而言只是參考，但也不會因此就只看技術分析，過度分析線圖。

雖然統稱為「技術分析」，但其實有「K線」、「移動平均線」、「布林線指標」、「拋物線指標」、「包絡線指標」、「移動平均乖離率」、「一目均衡表」、「隨機指標」、「心理線指標」、「SI」、「MACD」、「RCI」、「DMI」、「ROC」、「動量指標」、「ratiocater」、「鈎足」、「P&F」、「逆時鐘曲線」……等，除此之外還有許許多多的指標。

問題是，學會再多指標，不會運用也是枉然。就像料理下廚，比起徒具形式、收集了十種菜刀卻不會使用，將一把菜刀使用到爐火純青，反而更能確實提升廚藝。

接下來為各位精挑細選幾種「只要學會這些就沒問題了！」的集中投資小型股的技術分析，簡單來說，就是看懂股價的線圖基本功。重點在於「理解」線圖，而不是像學生那樣「學習」線圖。

☑ 股價線圖，是準確度不高的偵測器

首先針對分析線圖的目的，循序漸進地為各位說明。

分析線圖的目的是「從顯示過去股價波動的股價線圖看出趨勢及型態，預測今後的股價波動」。

股價線圖是以「過去」的股價波動、來「預測」今後的股價波動，因此不是絕對，頂多只是「準確度不太高的偵測器」。

即使準確度不太高，只要好幾個偵測器（線圖）都出現「買進」的訊號，那可能確實可以買；相反地，如果好幾個偵測器都出現「賣出」的訊號，那可能確實可以賣掉。

因為都只是可能性，就算所有的偵測器都出現「買進」或「賣出」的訊號，實際上也有可能完全不照線圖發展，所以請提醒自己：以線圖為基準的技術分析，並不是絕對的依據。

重點在於掌握一定要知道的基礎，努力地實踐，以提升自己判斷的準確度。

FOCAL POINT

〈必看線圖 1〉移動平均線

　　第一個必看的線圖重點是「移動平均線」，這是觀察股價走勢及市場方向性的線索，請結合後面會介紹的「K 線」，用來計算買賣的時機。

> ### ▶ 何謂移動平均線？
>
> 移動平均線是指，將「股價過去的平均值連起來」那條線。

　　由此可知，移動平均線是從股價在各式各樣的時間軸上的平均值，觀察股價的波動。那麼，到底該怎麼看呢？

> ### ▶ 以月線表示的移動平均線
>
> ☑ 5 個月的移動平均線 ➡ 過去 5 個月的平均值（短期）
> ☑ 25 個月的移動平均線 ➡ 過去 25 個月的平均值（中期）
> ☑ 75 個月的移動平均線 ➡ 過去 75 個月的平均值（長期）
>
> ### ▶ 以週線表示的移動平均線
>
> ☑ 5 週的移動平均線 ➡ 過去 5 週的平均值（短期）
> ☑ 25 週的移動平均線 ➡ 過去 25 週的平均值（中期）
> ☑ 75 週的移動平均線 ➡ 過去 75 週的平均值（長期）

▶ 以日線表示的移動平均線

☑ 5 日的移動平均線 ➡ 過去 5 日的平均值（短期）

☑ 25 日的移動平均線 ➡ 過去 25 日的平均值（中期）

☑ 75 日的移動平均線 ➡ 過去 75 日的平均值（長期）

▶ 以 5 分線表示的移動平均線

☑ 25 分鐘的移動平均線 ➡ 過去 25 分鐘的平均值（短期）

☑ 125 分鐘的移動平均線 ➡ 過去 125 分鐘的平均值（中期）

☑ 375 分鐘的移動平均線 ➡ 過去 375 分鐘的平均值（長期）

有些證券公司會把月線的長期移動平均線預設為「過去 60 天」，與上述的「過去 75 天」還在誤差的範圍內，不用特別在意。

無論是哪一條時間軸，利用「短期」、「中期」和「長期」這三條線來掌握股價的趨勢，仍是最簡單明瞭的方法。

接下來看看如何利用「平均線」判斷最佳買進時機。

F O C A L   P O I N T

平均線的 3 種上升趨勢

▶ 【綠燈】上升趨勢 ➡ 3 條移動平均線都向上走

股價正處於上升趨勢！（可以買進的典型範例）

▶ 【黃燈】上升趨勢停滯 ➡ 2 條移動平均線交叉

上升趨勢可能會稍微停滯……（只要從這個狀態恢復到 3 條線都向上走的【綠燈】就表示上升趨勢還在繼續，但趨勢也有可能受到破壞）

▶ 【紅燈】上升趨勢結束 ➡ 3 條移動平均線交叉

上升趨勢結束的可能性很大……（偶爾也會出現反轉的例外）

FOCAL POINT

平均線的 3 種下降趨勢

▶ 【紅燈】下降趨勢 ➡ 3 條移動平均線都往下走

正處於下降趨勢！（不可以貿然買進的典型範例）

▶ 【黃燈】下降趨勢停滯 ➡ 2 條移動平均線交叉

下降趨勢可能會稍微停滯……（從這個狀態恢復到 3 條線都往下走的【紅燈】，就表示下降趨勢還在繼續，但偶爾會出現向上反轉的例外）

▶ 【綠燈】下降趨勢結束 ➡ 3 條移動平均線交叉

下降趨勢結束的可能性很大！ ※ 落底的訊號（不過，從這裡轉為上升趨勢可能需要一點時間）

實作練習（1）

移動平均線的判斷

接下來以實際上市的「Lib Work（1431）」，根據前面說明的 6 種趨勢，試著分析下面這張線圖的移動平均線。

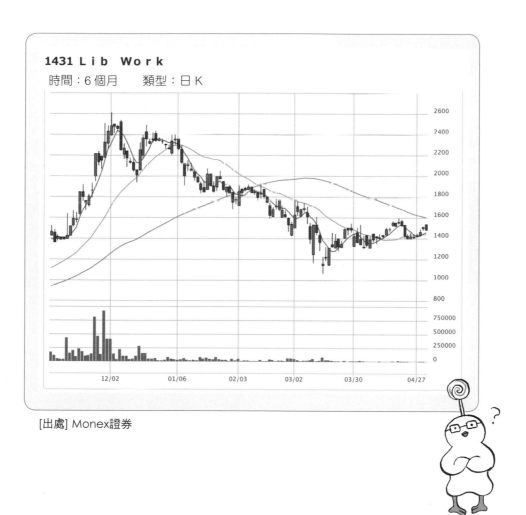

[出處] Monex證券

133

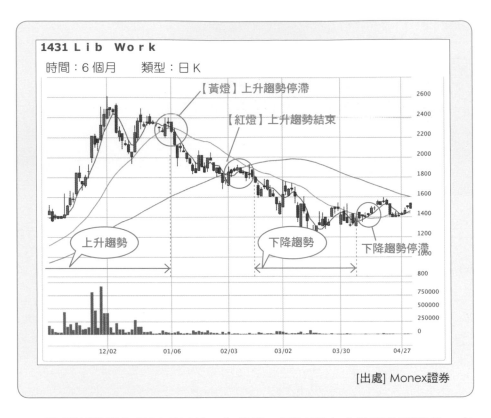

1431 Lib Work

時間：6 個月　　類型：日 K

【黃燈】上升趨勢停滯

【紅燈】上升趨勢結束

上升趨勢

下降趨勢

下降趨勢停滯

12/02　　01/06　　02/03　　03/02　　03/30　　04/27

[出處] Monex證券

這個實際操作是以「日線」為基準，可以配合「投資的時間軸」來進行以下的調整。

▶ 週線、月線

☑ 以幾個月～幾年的長期角度來思考

☑ 希望平均幾年找一次買賣點即可

▶ 日線

☑ 以 1 週～幾個月為買賣週期

☑ 希望在幾個月～半年以內找到買賣點

▶ 5 分線

- ☑ 從事 2 ～ 3 天以內的交易
- ☑ 希望能找到當天最佳的買賣點

投資中小型股票的話，基本上都是看「**日線**」來判斷股價趨勢；如果是「**差不多想脫手了，什麼時機才是最適合的賣點？**」就可以用「**5 分線**」來掌握眼前的供需變化，尋找買賣點。

F O C A L　P O I N T ─────────

專家都這樣用移動平均線

接下來將更具體地說明「月線」、「週線」、「日線」、「5 分線」、「1 分線」，還有移動平均線的使用方法。

▶ 「月線」和「週線」：
　掌握初次注意的公司，找尋年度買點

- ☑ 最適合以年為單位，大致掌握第一次注意到的公司（個股）過去的股價波動（幾乎沒什麼變化，所以不需要每天檢查）
- ☑ 用於知道幾年會出現一次買點（因為長期處於上升趨勢的個股暫時暴跌時，有的一碰到長期移動平均線就會馬上彈回去）

☑ 有很多長期處於下降趨勢的個股，即使日線變成暫時上升的趨勢，一碰到月線或週線的長期移動平均線又會恢復成下降趨勢的型態

▶ 「日線」：每天檢查，判斷投資時機最好用

☑ 基本上都以日線的移動平均線來判斷投資的時機（最常見的時間軸）

☑ 平常只要檢查日線就行了（發生急漲、急跌等異常時也能馬上反應）

☑ 用來判讀幾天～幾個月的股價趨勢特別方便

☑ 變化比 5 分線或 1 分線的移動平均線小，因此每天檢查一次就行了

▶ 「1 分線」和「5 分線」：掌握當日漲停和跌停點的買賣點

☑ 因眼前的供需而激烈變動（平常不用看）

☑ 便於以頻密的時間軸判斷賣出持股的時機

☑ 只是用來尋找頻密的買賣點，因此對於中長期的投資並不具有參考價值

☑ 用於尋找漲停個股的賣點、跌停個股的買點

☑ 用於掌握當天的股價波動、當沖客的動向

　　基本上，**平常以「日線」為判斷標準，如欲掌握市場全貌時，則改用「月線」或「週線」，股價劇烈波動或要尋找眼前的買賣點，才用「1 分線」或「5 分線」來判斷。**

　　另外，如果是剛上市的股票，因為沒有以前的股價數據，有的就不會顯示出移動平均線。

〈必看線圖 2〉K 線

集中投資小型穩賺股，第二種必看線圖是「K 線」。

股價在一定期間的波動有 4 種價位——開盤價、最高價、最低價、收盤價，可以用 1 根柱狀的 K 線，同時呈現以上的指標，能讓投資人一眼看出市場的趨勢，又稱為「K 線圖」。

K 線是由江戶時代中期，在世界上最早的期貨市場大坂（現在的大阪）堂島的米市場建立起百萬財富的本間宗久想出來的工具，目前全世界的人都在使用日本人發明的技術指標。

K 線圖分析的重點，在於「理解」K 線為什麼會呈現出這個形狀，而不是「死背」這個形狀；K 線的形狀會隨以下的股價波動變化，線條的粗細、長短都代表著股價的波動。只要理解 K 線形狀的原埋，無論看到什麼樣的 K 線，都能明白股價呈現什麼樣的波動。

:: 選股達人小叮嚀

> 不用死記 K 棒的形狀，而是要懂「為什麼」會是這個形狀。

下跌的訊號

上影線較長

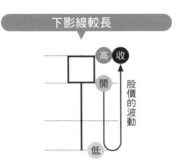

一度大幅上漲，但是因為風向改變，收在開盤價以下。上影線愈長，下跌的力道愈強。

K棒又黑又長

沒有上下影線的黑棒，意味從開盤一路跌到收盤，下跌力道很大。

上漲的訊號

下影線較長

股價一度大幅下跌，但是因為風向改變，收在開盤價以上。下影線愈長，上漲的力道愈強。

K棒又紅又長

沒有上下影線的紅棒，意味從開盤一路漲到收盤，上漲力道很大。

無法判斷的訊號

上下影線和K棒都很短

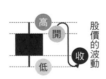

收盤價比開盤價低的陰線。上下影線愈長，表示投資人愈迷惘，但由於 K 棒本身和上下影線都很短，表示市場還看不出方向。

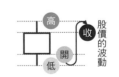

收盤價比開盤價高的陽線。由於 K 棒和上下影線都很短，表示投資人陷入迷惘，市場也看不出方向，又稱「箱型整理」。

實作練習（2）

K 線的判斷

假設股價一天的波動如下，試著用 K 線圖表現看看。

1 持續上漲的線形

2 早盤上漲、午盤下跌的線形

3 上上下下又回到原點的線形

4 早盤沒有動靜、午盤下跌的線形

⑤ 大幅下跌後，又大幅上漲的線形

實作練習（2） **解答 ▶ 對應股價波動的K線形狀**

① 持續上漲的線形

股價　　　　　　　　　　　　K 線

② 早盤上漲、午盤下跌的線形

股價　　　　　　　　　　　　K 線

③ 上上下下又回到原點的線形

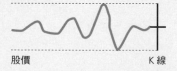

股價　　　　　　　　　　　　K 線

④ 早盤沒有動靜、午盤下跌的線形

股價　　　　　　　　　　　　K 線

⑤ 大幅下跌後，又大幅上漲的線形

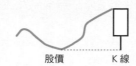

股價　　　　K 線

實作練習（3）

從 K 線形狀反推股價線圖

出現以下的 K 線時，股價會怎麼波動呢？請試著畫出線圖。

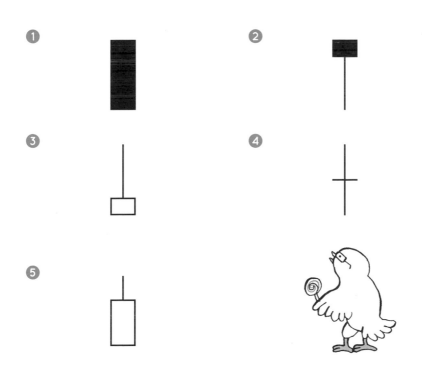

實作練習（3） 解答 ▶ **用K線反推可能的股價線圖**

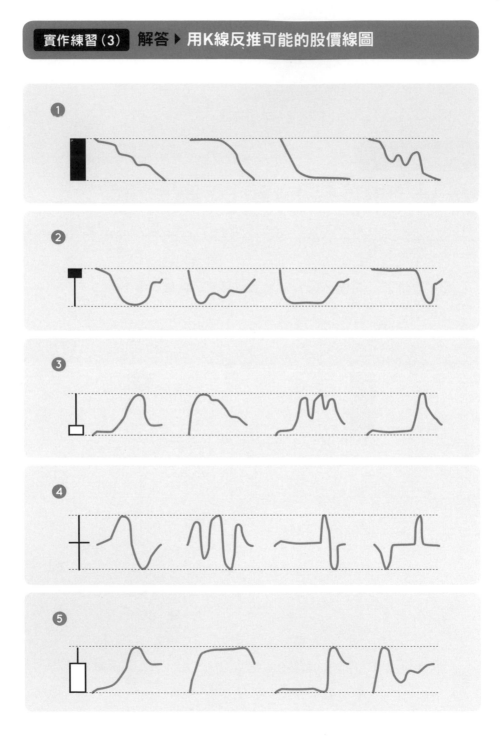

FOCAL POINT

分辨「地上股」和「地底股」

把「移動平均線」和「K線」組成的線圖放在一起看的話，可以更深入、具體地判斷走向；我自創出一種好用又簡單的思考邏輯，叫作「地上股」和「地底股」， 基本上只有「地上股」會成為我的投資對象。

- ☑ **地上股＝現在的股價，落在長期移動平均線的上方**
- ☑ **地底股＝現在的股價，落在長期移動平均線的下方**

地上股

---------------------（ 長期移動平均線 ）---------------------

地底股

▶ 哪些是可以考慮買進、投資的「地上股」？

長期移動平均線代表過去的股票波動，因此落在長期移動平均線上方（地上）的「地上股」，比較容易受到投資人的青睞、股價也比較容易上漲。

地上股會鬥志昂揚地隨時想要超越近期高點（從現在回溯一段期間內最高的價位），就算因為有什麼意外、一時間落入地底（落在3條移動平均線下方），也很快就會努力地爬回地上。

▶ 哪些是不能投資的「地底股」？

落在 3 條移動平均線下方（地下）的地底股，不容易引起投資人的注意。地底股很消極，已經喪失超越過去高點的信心，即使想超越過去的高點，也會突然下跌，永遠是爛泥扶不上牆的地底股。

就算有什麼意外「破土而出」（落在 3 條移動平均線上方），由於不習慣陽光普照的環境，很快又會潛回地底。偶爾露出地面的時候，就算有投資人買進，因為很快又潛回地底了，所以投資人也很快就會賣掉。

長期移動平均線就像是分隔地上與地下的界線，上下兩邊是完全不同的世界，也是地上股絕對要死守的最後堡壘。對於地底股而言，長期移動平均線上方的世界太過於耀眼，這條長期移動平均線，將股票們一刀兩斷地分成地上與地下兩個世界。

除此之外，地上股還有 3 種不同的階級。

地上股的3個階級

上流階級

------------（短期移動平均線）------------

中流階級

------------（中期移動平均線）------------

下流階級

------------（長期移動平均線）------------

▶ 「上流階級」：最強的投資對象

☑ 以幾個月～幾年的長期角度來思考

　　上流階級的標準，是連過去 5 天的短期移動平均線都不會跌破的「絕對王者」，也是少數被當成「明星」吹捧的地上股。必須連續刷新過去的高點，才能得到這個地位。

　　不過，屬於上流階級的地上股同時也有容易過熱的習性，因此當股價過於背離短期移動平均線的時候，就得小心。短時間內急漲的股價，經常也會因為後繼無力而暴跌，股價通常都在上流階級與中流階級之間來來去去。

▶ 「中流階級」：主力的投資對象

　　指股價持續且穩定成長的地上股，沒有上流階級那種銳不可擋的氣勢，卻是腳踏實地，業績穩紮穩打、持續成長的股票。有時會擠進上流階級，但也會因為後繼無力而回到原來的股價。

　　「跟下流階級不一樣」的意識十分強烈，對自己處於中流階級感到自豪。一旦落入下流階級，就會失去投資人的關愛，難以再回到中流階級，因此會拚命守住股價，以免落入下流階級。

▶ 「下流階級」：隨時注意的投資對象

　　好不容易爬到地上股，但一不小心就會淪落為地底股的類型，因此想快點擠進中流階級安身立命。只可惜，隔開中流階級與下流階級的中期移動平均線沒有那麼好跨越。

　　這裡同時也是各式各樣的股票魚龍混雜的地方，有的是直到最近都還是地底股的股票，有的是在地上與地下來來去去的股票，有的是從中流階級摔下來的股票。

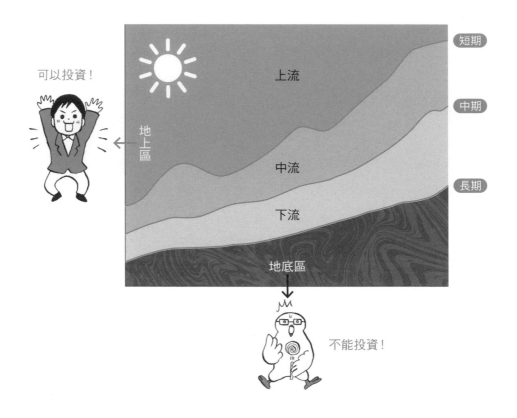

另一方面，地底股也可以用長、中、短期平均線分成 3 個階級。

地底股的3個階級

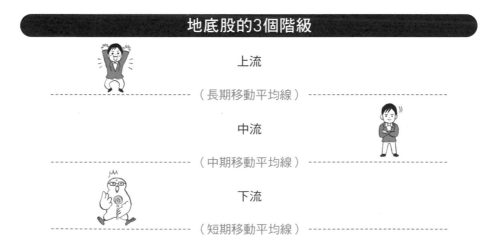

▶ 還有救的「上流」

這是離地面（長期移動平均線）最近的地底股，落入地底
的地上股，分成「很快就會回到地上」、「在地上與地下的界
線來來去去」和「掉進更深的地底」這 3 種型態。如果能立刻
回到地上自然沒問題，只不過，地上股如果待在地底太久，就
會被投資人烙上地底股的印記。

▶ 已經沒希望的「中流」

這是完全陷入下降趨勢的地底股，淪落到這個地步，很可
能再也不會有人想投資，無法輕易改變下降趨勢。

最近買進這支股票的投資人也都處於虧損的狀態，因此紛
紛拋售，導致股價愈跌愈深。處於被市場拋棄的狀態，又吸引
不到新的投資人，一旦進入地底股的中流階級，就很難再翻身
變回地上股了。

▶ 無法翻身的「下流」

地底股中以最快的速度創下新低價格的當屬「下流階級」
的股票，這是一群連其他地底股也不想靠近的地痞流氓，即使
同屬於地底股，卻是風評最差的貨色。

但不可思議的是，淪落至此的地底股反而會吸引投資人的注
意。因為有些股票跌到谷底後，買盤會突然激增，轉為上升趨勢。
雖然實屬罕見，但還是不乏從下流翻身，擠進上流階級的股票，
因此有些投資人會抱著這樣的期待，尋找垃圾裡的黃金。

現在下跌是暫時的嗎？
精準找出「回檔」股

中流階級以上的地上股，是處於上升趨勢的股票；這些股票會拚命守住自己的價位，以防萬一股價暫時下跌，不小心踩進下流，也能馬上反彈，重新回到中流的世界。

在投資的世界裡，以「股價先回檔再上攻」來形容這種狀況。**所謂的「回檔」，是指處於上升趨勢的股票暫時下跌的狀況。**

當然也有直接兵敗如山倒、一路跌落至下流區的股票。如果是這樣的話，接下來就要留意隔開地上與地底的界線（長期移動平均線）。

無論如何都要守住最後一道防線，不能跌破長期移動平均線，因此碰到這條線附近，就會形成最後的回檔。

萬一股價沒有反彈，一路潛入地底，經過一段時間，要再從地底爬回去可就難如登天了。

只要是處於上升趨勢的股票，有的投資人會開始尋找賣點「什麼時候該獲利了結？」也有些投資人會尋找買點「再便宜一點就可以進場了」。

基於上述的顧慮或期待，有人買，也有人賣，導致股價時時刻刻都在變動。**認為「再便宜一點就可以進場」的投資人，正是形成「回檔」現象的幕後推手。**話雖如此，回檔之後，有的股票會順利反彈，有的不會。

利用股價線圖了解過去的股價波動，當股價碰到中流地上股和下流地上股的界線（中期移動平均線）就是買點。不過，要是股價沒有反彈，可能會繼續跌到地上股與地底股的界線（長期移動平均線）。

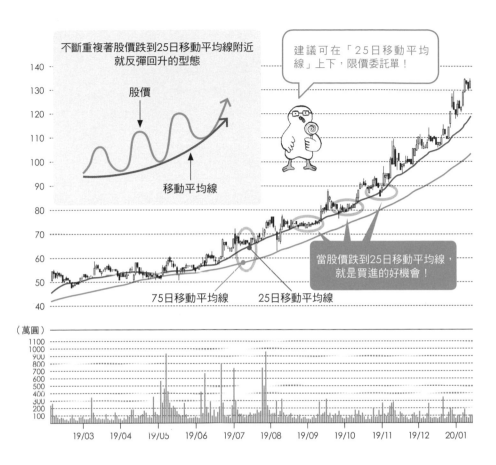

不斷重複著股價跌到25日移動平均線附近就反彈回升的型態

股價

移動平均線

建議可在「25日移動平均線」上下，限價委託單！

當股價跌到25日移動平均線，就是買進的好機會！

75日移動平均線　　25日移動平均線

（萬圓）

∷選股達人小叮嚀

注意「25 日平均線」，有可能找到反彈回升的好機會！

實作練習（4）

用平均線分辨「地上股」
和「地底股」

請觀察以下五個股價線圖，試著用前面的「移動平均線」原則，區分地上股（上流、中流、下流）和地底股（上流、中流、下流），做出投資的買賣判斷。

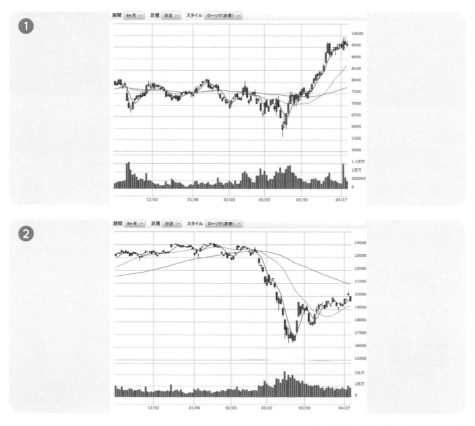

[出處] Monex 證券（P155 ～ 160）

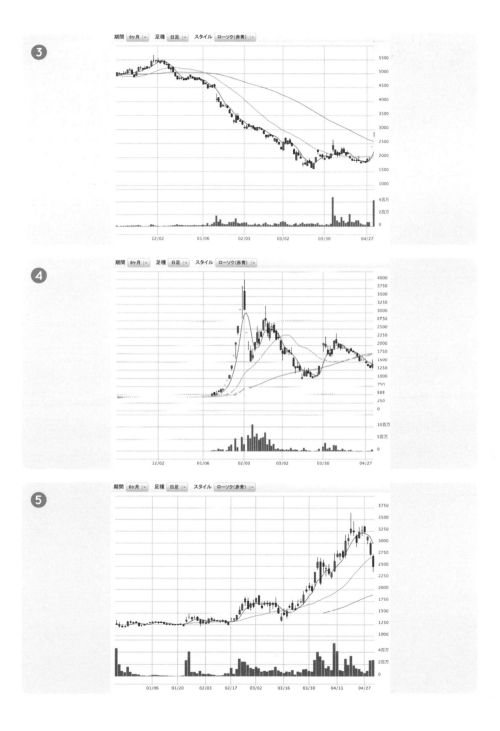

實作練習（4） **解答▶用平均線分辨「地上股」和「地底股」**

（1）地上股：終於來到地面，股價穩定成長

　　直到最近都還在地上與地下之間來來去去，最近好不容易才爬出地面。一到地上就在中流與上流之間來來去去，股價穩定地成長。由於是剛變成地上股的個股，所以也很受到矚目。

用三條均線和日K棒，
就可以判斷這應g事情！
一定至少要看懂這兩種技術圖喔～

（2）地底股：一度重挫探底，雖然回升一些，但先別出手

　　不久前還在地上苟延殘喘，3個月前才淪落為地底股。變成地底股之後，股價一口氣重挫到谷底，成了足以代表下流的股票。最近好不容易打完底，擠進中流～上流之間。還不確定能不能冒出地面，所以不能輕易地決定要不要買。

（3）地上股：持續觀察是否能維持股價

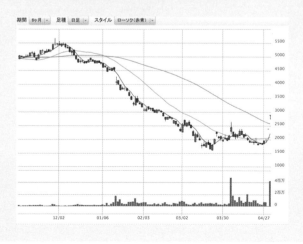

大約 5 個月前加入地底股的陣容之後，股價持續下跌的方式簡直是下游的典範。還以為最近好不容易上升到中流～上流之間，一下子就爬回地上，變成地上股。如果能繼續維持地上股的身價，就是最適合投資的時機。不過也有可能一時冒出地面，立刻又回到地底，所以絕不能掉以輕心。

（4）地底股：不斷暴漲暴跌，若無法穩定則不能出手

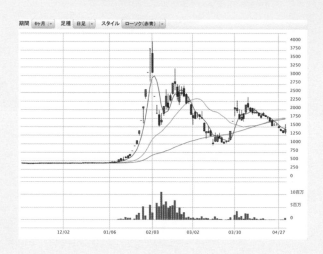

大約 3 個月前還是上流階級的地上股，在前段班大顯身手，但因為短時間漲得太兇，不小心失速墜落，一腳踩進地底。曾經馬上站回地上，結果又再次栽進地底。這時能否再努力地回到地上，是要不要投資這支股票的判斷重點。如果無法回到地上，保持好一陣子地底股的狀態，可能會習慣地底的環境，難以再爬回地上，因此不能成為投資對象。

（5）地上股：容易被市場風向影響，不是最好的選擇

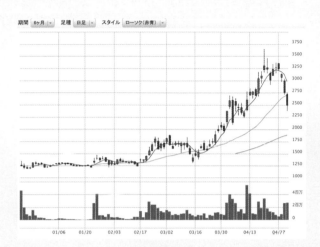

　　半年前還在地底與地上之間來來去去，最近 2 個月翻身成為中流～上流的地上股。然而，最近從中流地上股淪為下流地上股。重點在於能不能立刻又站回中流以上。雖然不覺得馬上就會從這裡跌成地底股，但還是希望能快點從下流回到中流以上的價位。要是在下流的環境待得太久，就很難重新回到中流的階級，千萬要小心。根據市場的風向，也可能暫時跌到地上股與地底股的界線附近。

FOCAL POINT

注意「近期高點」和「近期低點」

地上股與地底股的思考模式，是以三條移動平均線來判斷趨勢或股價波動的方向，但也經常用來比較過去創下紀錄的股價。

一旦超越近期高點，通常會繼續緩步上漲，如果不能超越近期高點，通常會因為「唉，這個價位大概到頂了」而逐漸下跌。

反之亦然，一旦跌破近期低點，就會繼續下跌，可是也有些個股會跌深反彈，重返榮耀。

還有成長空間的運動選手會不斷刷新自己以前創下的紀錄，已經過了顛峰的運動選手則無法突破自己以前最好的成績，成績愈來愈差。

順帶一提，「近期」並沒有明確的定義，以日線表示的「近期低點」是最近比較明顯的谷底最低價，「近期高點」是最近比較明顯的山頂最高價。

如果是股價會反覆上下波動的個股，會有好幾個「近期高點」和「近期低點」。另外，若將「近期」的期間回溯到「從上市到現在」，就成為「上市以來最高點」與「上市以來最低點」。

☑ 不失手的「近期高點」和「近期低點」這樣看

可以期待刷新近期高點的個股繼續創新高,因此可以做出「買進」的判斷,如果已經持有那支股票,則做出「繼續持有」的判斷。

然而,如果遲遲無法刷新近期高點,市場會認為這支股票「是不是漲到極限了?」萬一非但無法創新高、還跌破近期低點的話,就是判斷「已經過氣了」並「賣出」的時機。

以下舉出幾個實際的範例讓大家參考。以下圖的股價線圖《例 1》為例,可以看出這支股票最近一個月以來正不斷地創新高。

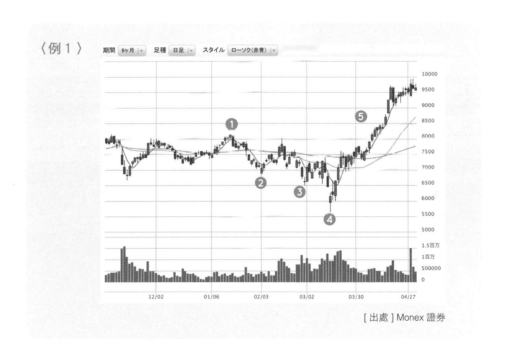

〈例 1〉

[出處] Monex 證券

原本高點是 ❶ 的 8000 圓上下、低點是 ❷ 的 7000 圓上下,股價在兩者之間來來去去,後來被賣到跌破 ❷ 的近期低點,一路跌到 ❸ 的新低。若以運動選手打比方,等於是創下自己最差的成績。

後來雖然一度反彈，但隨即又跌破近期低點 ③，創下近期最低點 ④。以投資人來說，最不希望碰這種處於下降趨勢，不斷創新低的個股。不過，當股價從 ④ 的近期最低點反彈，又開始進入上升趨勢。

評估的重點在於，當股價回到與過去 6 個月來的近期最高點 ① 相同的價位 ⑤ 時是關鍵！如果無法在 ⑤ 突破近期最高點 ① 的股價，就可以判斷股價會繼續橫向盤整，還是恢復下降趨勢。

這個股價線圖在 ⑤ 輕易地超越 ① 的近期最高點，後來也持續上漲，並創下史上新高，因此能判斷股價即將進入上升趨勢，這是一個股票的最佳買點。

或許有人會覺得「在 ④ 的低點撿便宜賺得比較多」，但這只是結果論。對資金有限的散戶而言，等到股價在 ⑤ 進入上升趨勢後再投資，鎖定後半段的上漲獲利，在投資上比較有效率。

☑ 谷底會反彈，要突破這個數字

接著再來看一個例子，請觀察下頁的股價線圖〈例 2〉。股價原本還不到 500 圓，橫向盤整了一段時間，從 ① 的地方突然大漲，以勢如破竹的氣勢急漲了好一陣子，在 ② 創下最高點後重挫。這種在短時間內大漲的股票也會在短期間內暴跌。

股價在 ③ 止跌，然後開始上漲，但仍無法超越近期高點 ②，漲到 ④ 的地方就停了，然後又轉為下降趨勢。

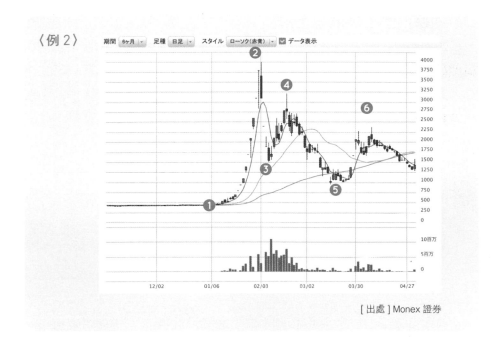

〈例2〉

[出處] Monex 證券

出於跌破了近期低點 ❸ ，還以為會進入下降趨勢，（或許是有人注意長期移動平均線的上升趨勢）在 ❺ 的地方一度止跌，然後又開始上漲。

然而，始終無法突破近期高點 ❹ ，在 ❻ 創下高點後又開始盤跌。這是短期內雖然上漲，但方向不明朗，只靠投資人的期待或市場上的氣氛買賣股票的例子。

重點在於 ❺ 的近期低點和 ❻ 的近期高點。

當股價跌到 ❺ 的地方止跌，或許也有人會懷疑「這裡真的是谷底嗎？」但如果跌破 ❺ 還繼續下跌，最好認為已經進入下降趨勢。

另一方面，如果稍微上漲，卻無法突然 ❻ 的高點，通常會以為「這一帶就是天花板了嗎？」一旦明確地突破 ❻ 的高點，就會繼續嘗試能不能突破 ❹ 和 ❷ 的高點。

結合以上的觀點，股價下跌的門檻很低，但是要從谷底往上爬，漲

到超過 ❷ 的價位，門檻其實很高。

　　剛過 ❶ 即為可以考慮的「買點」。因為原本橫向盤整的股價會一口氣開始上漲，進入上升趨勢。漲到 ❷ 之前的劇烈上升過程都是「賣點」。

　　急漲的股票也會急跌，因此無論如何，以這張股價線圖為例，都要在短期內一決勝負。

「成交量」大增？小心當沖客進場

　　「成交量」是指在一天或一週等固定的期間內完成交易的「股數」。

　　正所謂「量比價先行」，「成交量」是用來測量股性活不活潑的量尺，可以判斷成交量較低的個股較不受投資人青睞，成交量較高的個股則比較吸引投資人的注目。

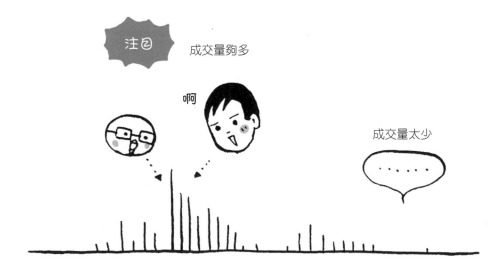

如果是以下的股價線圖，由於是以日線表示成交量，因此 K 線下面的柱狀圖是指每天成交的股數。如果是 5 分鐘的線圖，成交量指的是每 5 分鐘成交的股數；如果是週線圖，則是指每週成交的股數。

觀察股價線圖，由於 ❶ 的成交量突然增加，可以判斷這時開始受到許多投資人的注意。

成交量頂多只能代表某段期間成交的股數，因此當一天內反覆買賣好幾次的當沖客進場，成交量就會突然增加。假設同一個當沖客當天重複買賣 100 次 100 股的股票，成交量就會增加 1 萬股。

當沖客會尋找波動率（股價變動）比較高的個股，進行交易，賺取價差。**千萬別忘了，成交量極端增加、價格劇烈變動的個股，除了吸引以中長期角度投資的一般投資人以外，也會吸引到許多當沖客。**

成交量突然增加的背後一定有它的原因，找出成交量激增、價格上漲的個股，研究原因再判斷要不要投資也是個好方法。

反之，如果是成交量比較少，一直被投資人置之不理的個股，無論那家公司的業績再好，都不會引人注目，因此股價漲不太起來。明明以為股價有成長空間才投資，幾年過去卻一動也不動的個股也屢見不鮮。這麼一來，很可能錯失大賺一筆的機會。

像這樣的個股請不要馬上投資，而是放進「等成交量增加，股價開始上漲再投資的清單」，等到成交量增加的時候再來研究要不要投資。

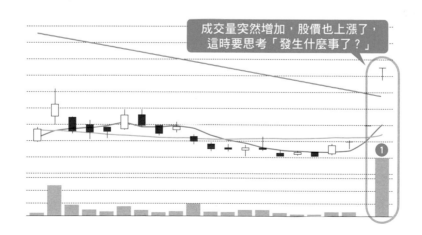

成交量突然增加，股價也上漲了，這時要思考「發生什麼事了？」

FOCAL POINT

買賣前，先看「盤中五檔」
確認供需

　　投資股票時，可以從「盤中五檔」得到非常多的資訊。所謂的盤中五檔是指每個價位的「委託買單」與「委託賣單」一覽表。（註：台股以「一張」為單位，日股則是以「一股」為單位）

　　如右頁的圖所示，盤的左邊是投資人認為「如果是這個價位可以賣掉」的委託股數（委賣量），右邊則是投資人認為「如果是這個價位可以買進」的委託股數（委買量）。

　　股票買賣分為兩種，一種為「不指定價位、直接下單」的「市價委託」，另一種則是「指定價位下單」的「限價委託」，所謂的盤中五檔，會反映出上下五檔的限價委託（買賣數量）。

　　限價委託的使用方法為「指定在 500 圓的價位買進 1000 股」或「指定在 1000 圓的價位賣出 2000 股」。

　　表示在盤中五檔的限價委託背後，有一群排隊「想在這個價位買進（賣出）」的投資人。

　　如果右邊湧入大量的買盤，就表示「有很多人排隊想買這支股票」，如果左邊湧入大量的賣盤則表示「有很多人排隊想賣這支股票」；**要買賣股票前，最好先透過盤中五檔檢查供需的比例。**

　　以右圖的盤中五檔為例，如果掛出以 960 圓買進 300 股的限價委託單，等於在現有的「100 股 960 圓的買盤」委託上，再加 300 股限價委託，盤中五檔會變成「委託價 960 圓」、「委買量 400 股」。

　　如果都以相同價格下單，先下的單會優先成交（買賣成立）；而相較於以限價排隊的委託，「多少錢都無所謂就是想買（想賣）」的市價

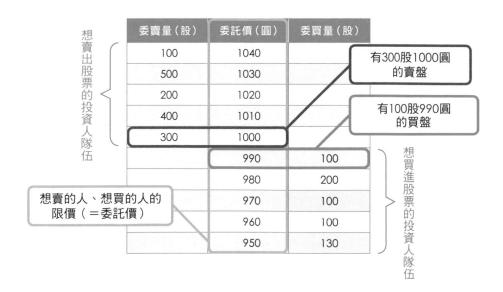

	委賣量（股）	委託價（圓）	委買量（股）	
想賣出股票的投資人隊伍	100	1040		
	500	1030		
	200	1020		
	400	1010		
	300	1000		
		990	100	想買進股票的投資人隊伍
		980	200	
		970	100	
		960	100	
		950	130	

有300股1000圓的賣盤

有100股990圓的買盤

想賣的人、想買的人的限價（＝委託價）

委託，會跳過這些排隊的委託立刻成交。

　　觀察上圖的盤中五檔，如果下單以市價買進 100 股，委託價 1000 圓的 300 股委賣中會有 100 股馬上成交。

　　這時如果下單以市價買進 500 股，不只可以把委託價 1000 圓的 300 股全部買下，還會從掛 1010 圓委賣的 400 股中買進 200 股，最後會買到「300 股 1000 圓的股票和 200 股 1010 圓的股票，合計 500 股」。

　　以上圖的盤中五檔為例，如果下的是 1000 圓以上的限價委託單，低於指定金額的部分會以市價委託成交。舉例來說，假設下單「以 1050 圓買進 200 股」，委託價為 1000 圓的 300 股中會有 200 股立刻成交。

　　這時就能用比委買的限價 1050 圓還要便宜 50 圓的 1000 圓買到，這筆買單成交後，委託價 1000 圓的委賣量，會從原本的 300 股中扣掉剛才賣掉的 200 股，修正為委託價 1000 圓、委賣量 100 股。

　　以上的說明過於細節，覺得太複雜的讀者，請看下面的簡易版說明。

日本股市中所指的「板」，就是台股所謂的「盤中五檔」，但日本有時候會來到十檔，在書中為了方便讀者閱讀，超過五檔的時候就改以「買賣盤」來統一說明。另外，台股以「一張」為單位，日股則是以「一股」為單位。

▶市價委託

☑ 貴一點也沒關係，現在就想買！＝市價買進

☑ 便宜一點也沒關係，現在就想賣！＝市價賣出

▶限價委託

☑ 只要比這個價格低就願意買＝限價買進

☑ 只要比這個價格高就願意賣＝限價賣出

FOCAL POINT

看不見的「市價委託」，
才會影響股價

　　這裡有一個重點，希望大家都能記住：「**股價要收到市價委託，才**
會開始波動」。

　　當投資人全都處於大眼瞪小眼的狀態，如果只下「只要比這個價格
低就願意買」或「只要比這個價格高就願意賣」的限價委託單，股票的
買賣就不會成立。

　　唯有收到「貴　點也沒關係，現在就想買」的市價委託時，買賣才
會成立，股價才會開始動。

　　然而，這樣的市價委託並不會出現在盤中五檔。

　　無論盤中五檔有再多限價委託的賣單在排隊，只要湧入大量沒有出
現在盤中五檔的市價委託買單，股價就會上漲。反之，無論盤中五檔顯
示再多限價委託的買單，只要湧入大量沒有出現在盤中五檔的市價委託
賣單，股價就會下跌。

✔ 「委託量高」和「委託量低」的優缺點

　　在股票的世界裡，存在著「委託量高」和「委託量低」的說法。只
要有大量的限價賣盤（買盤）湧入，這支股票就會被許多投資人注意到，
導致許多股數在市場上流通，稱之為「委託量高」。

　　相反地，如果每個「委託價」只有 100 股或 200 股的限價賣盤（買
盤），就不會有什麼人注意到這支股票，股數的流通量也會變得比較少，
稱之為「委託量低」。

　　資金充沛的投資人會盡量傾向於投資股票流通量比較大（委託量高）的個股，以免股價因為自己的大量買賣上漲或下跌。

　　另一方面，自有資金比較少的散戶投資人比較喜歡股票流通量較小（委託量低）的個股。另外，流通量比較低的個股只要湧入大量的委買單就很容易漲停，相反地，如果湧入大量的委賣單，就很容易跌停。

　　委託量高低依個股而異，基本上，所有人都知道的大企業股票的流通量大、委託量高；相反地，比較乏人問津的中小企業，委託量通常比較低。不過，即使是中小企業，只要能吸引到投資人的目光，有時候委託量也會突然變高。

　　「委託量高」與「委託量低」的判斷基準，可以參考以下的說明。

▶ 何謂「委託量高」？

☑ 成交價前後經常有幾百萬圓以上的限價委託
☑ 即使有上百萬圓的「市價委買」、「市價委賣」，價格也不會變動

〇優點：由於有很多流通股數，即使投入一定金額的大筆資金，
　　　　股價也不會受到影響，買賣會立刻成立。
✗缺點：大部分都已經是大企業了，不太適合鎖定股價漲3倍以
　　　　上的小型股集中投資。

▶ 何謂「委託量低」？

☑ 成交價前後只有不到 100 萬圓的限價委託
☑ 只要湧入 100 萬圓左右的「市價委買」或「市價委賣」，價格就會大幅波動

〇優點：由於流通股數太少，股價很容易變動，適合鎖定股價漲 3 倍以上的小型股集中投資。

✕缺點：投資金額一大，股價就會隨自己的買賣上上下下，無法輕鬆投資（重挫時也比較不容易逃跑）。

委託量高

委賣量	價格	委買量
116,000	OVER	
1,500	4,555	
3,800	4,550	
14,700	4,545	
6,000	4,540	
7,500	4,535	
12,900	4,530	
5,700	4,525	
8,300	4,520	
7,700	4,515	
4,000	4,510	
	4,505	900
	4,500	8,100
	4,495	5,400
	4,490	6,200
	4,485	5,000
	4,480	9,500
	4,475	11,200
	4,470	4,700
	4,465	9,600
	4,460	4,200
	UNDER	78,600
股價下跌	股價波動	股價上漲

委託量低

委賣量	價格	委買量
6,000	OVER	
400	1,535	
100	1,533	
200	1,530	
100	1,527	
200	1,526	
200	1,525	
100	1,524	
300	1,522	
300	1,519	
300	1,518	
	1,509	100
	1,498	300
	1,497	100
	1,493	200
	1,490	200
	1,488	100
	1,486	100
	1,480	100
	1,480	400
	1,475	100
	UNDER	9,600
股價下跌31次	股價波動54次	股價上漲23次

FOCAL POINT

從限價委託量，
判斷「買賣」強勢方

　　觀察盤中五檔的資訊時，有一點很重要，那就是要能判斷是「想買的投資人比較多」？還是「想賣的投資人比較多」？

　　盤中五檔整理出「如果是這個股價就想買（想賣）」的投資人下的限價委託，因此只要看盤中五檔的委託單，就能知道一定程度的供需比例。

　　如果委賣的數量比較多，可以推測「這支股票差不多要開始下跌了」；如果委買的數量比較多，則可以推測「這支股票可能還會繼續上漲」。

　　確認完委賣和委買之後，接著比較下一頁的買賣盤。這是同一支股票的買賣盤，會依當時的狀況產生極大的變化。

　　（1）是想賣的人比較多的狀態，乍看之下似乎供需均衡，但是請注意「OVER」和「UNDER」的數字。

☑「OVER」＝從沒有顯示出來的更高價格到漲停板範圍內的限價委賣總數

☑「UNDER」＝從沒有顯示出來的更低價格到跌停板範圍內的限價委買總數

〔1〕想賣的人比較多				〔2〕供需平衡		
3668　東証　コロブラ				3668　東証　コロブラ		
	成行				成行	
2,537,400	OVER			2,470,000	OVER	
8,700	1,550			200	1,593	
1,200	1,549			300	1,592	
1,700	1,548			5,300	1,591	
900	1,547			12,200	1,590	
1,500	1,546			400	1,589	
4,300	1,545			100	1,588	
1,000	1,544			100	1,585	
800	1,543			100	1,584	
100	1,542			200	1,583	
1,200	1,541			100	1,582	
	1,540	400			1,570	1,000
	1,538	900			1,569	200
	1,537	1,200			1,568	900
	1,536	200			1,567	300
	1,535	600			1,566	900
	1,534	1,700			1,565	1,300
	1,533	1,000			1,564	700
	1,532	1,800			1,563	1,100
	1,531	1,400			1,562	1,800
	1,530	18,700			1,561	5,300
	UNDER	699,400			UNDER	2,140,800

（1）的買賣盤在 OVER 的價位有 250 萬股以上的委賣，UNDER 只有約 70 萬股的委買，意味著「股價再高一點就想賣掉的人」是「股價再低一點就想買進的人」的 3.5 倍。

至於（2）的買賣盤則處於供需平衡的狀態，OVER 有約 250 萬股的委賣，UNDER 也有約 210 萬股的委買。有 12,200 股的限價委賣出現在 1590 圓的價位，雖然不太尋常，但是以供需平衡而言，比圖（1）更接近中立。

（3）的買賣盤在 OVER 的價位有約 90 萬股的委賣，UNDER 有約 50 萬股的委買，乍看之下賣方好像比較強勢，但是觀察最近成交價位 1570 圓附近的委託量，可以看出委買明顯比委賣多，這麼一來就能判斷「想買的人比想賣的人多」。

限價委買的時候，想買的意念愈強，將以愈靠近「最近成交的價位」掛委買單。

另一方面，當「再多跌一點我才要買」的投資人比較多的話，會以低於最近成交價位許多的價格委買，因此限價委買就會集中在 UNDER。

站在賣方也是同樣的道理，想賣的意念愈強，將以愈靠近「最近成交的價位」掛委賣單，基於「價位再高一點我就願意賣了」的心態，限價委賣會集中在 OVER。

根據委託量顯示的「委賣量」與「委買量」加總的比例，最近成交價位附近的限價委託量可以得知是「想買的人比較多」還是「想賣的人比較多」。

只不過，委託量只能顯示限價委託，並未顯示「想立刻買到」和「想馬上賣掉」這種買賣意念更強烈的市價委託。

就算湧入再多的限價委賣，只要小於市價委買量，股價就會上漲；就算湧入再多的限價委買，只要小於市價委賣量，股價就會下跌。

所有的技術分析、基本面分析都只是一種指標，並非萬能。委託量的資訊也只是一種參考指標，因此請總是以「都有可能被大量的市價委託推翻」的前提來思考。

〔3〕想買的人比較多

	3668　東証　コロプラ	
	成行	
889,800	OVER	
700	1,567	
5,300	1,565	
2,700	1,564	
400	1,563	
400	1,562	
100	1,561	
700	1,560	
100	1,559	
100	1,557	
10,900	1,555	
	1,549	600
	1,548	15,100
	1,547	32,600
	1,546	2,700
	1,545	39,900
	1,544	76,000
	1,543	48,400
	1,542	1,800
	1,541	54,300
	1,540	19,200
	UNDER	535,100

FOCAL POINT

「漲停」與「跌停」

　　在日本的股票市場裡，為了避免股價暴漲暴跌，設有「漲跌幅限制」（當天股價變動的上下幅度）。這是為了防止投資人陷入驚慌失措，一口氣買賣股票，導致股價過高或過低的情況。

　　漲跌幅限制的設定依股價而異，每天的股價要在上述的漲跌幅限制內交易，當股價漲到上限，即為「漲停板」，股價跌到下限就是「跌停板」。

▶ 漲停板的例子

☑ 公布亮眼的財報

☑ 推出新商品

☑ 發表業務合作案

☑ 贏得足以影響業績的官司

☑ 宣布 TOB（公開收購）

☑ IPO（首次公開募股）後湧入大批買單

▶ 跌停板的例子

☑ 業績惡化

☑ 大股東大量拋售股票

☑ 經營者被捕

☑ 輸掉足以影響業績的官司

☑ 商品需回收

☑ 突然被大買導致股價超出正常水準

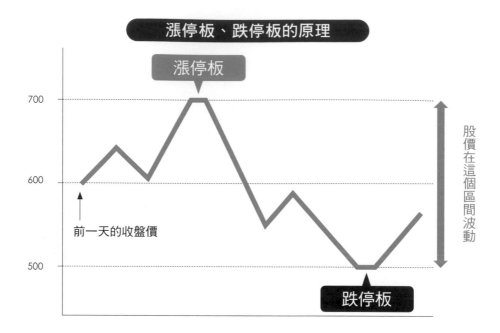

漲停板、跌停板的原理

漲停板

700

600

前一天的收盤價

500

跌停板

股價在這個區間波動

日本國內股票的漲跌幅限制表

標準價格（前一天的收盤價）			漲跌幅限制
	～	不到100圓	30圓
100圓以上	～	不到200圓	50圓
200圓以上	～	不到500圓	80圓
500圓以上	～	不到700圓	100圓
700圓以上	～	不到1,000圓	150圓
1,000圓以上	～	不到1,500圓	300圓
1,500圓以上	～	不到2,000圓	400圓
2,000圓以上	～	不到3,000圓	500圓
3,000圓以上	～	不到5,000圓	700圓
5,000圓以上	～	不到7,000圓	1,000圓
7,000圓以上	～	不到10,000圓	1,500圓
10,000圓以上	～	不到15,000圓	3,000圓
15,000圓以上	～	不到20,000圓	4,000圓
20,000圓以上	～	不到30,000圓	5,000圓
30,000圓以上	～	不到50,000圓	7,000圓
50,000圓以上	～	不到70,000圓	10,000圓
70,000圓以上	～	不到100,000圓	15,000圓
100,000圓以上	～	不到150,000圓	30,000圓
150,000圓以上	～	不到200,000圓	40,000圓
200,000圓以上	～	不到300,000圓	50,000圓
300,000圓以上	～	不到500,000圓	70,000圓
500,000圓以上	～	不到700,000圓	100,000圓
700,000圓以上	～	不到1,000,000圓	150,000圓

　　湧入大量市價委託買單，拉抬股價到漲停板後，委託量會呈現下一頁的狀態。

　　右上角「委買量」顯示「20,000」股的意思是有 2 萬股的市價委託單，但是委賣量為「0」，因此有 2 萬股的市價委託單無法成交。

　　這種狀態就是所謂的「漲停板」，表示當天有許多人不惜追價到漲跌幅限制的上限也想買進股票，卻沒有人要賣出股票，所以交易不成立。

漲停板的狀態

委賣量	價格	委買量	
	市價	20,000	跌停板的狀態
	OVER		
	—		
	—		
	—		
0	150		
	150	S 45,000	
	149	12,000	
	148	8,000	
	147	2,000	
	146	3,000	
	145	7,000	
	144	4,000	
	143	1,000	
	142	2,000	
	UNDER	56,000	

跌停板的狀態

委賣量	價格	委買量
5,000	市價	
45,000	OVER	
5,000	55	
4,000	54	
4,000	53	
3,000	52	
5,000	51	
5,000 S	50	
	50	0
	—	
	—	
	—	
	—	
	—	
	UNDER	56,000

跌停板的狀態

相反地，跌停板的狀態是沒有任何人要買進，委買量為「0」的狀態，所以就算湧入大量的市價委託賣單也無法成交，5000 股的賣單就一直掛在左上角。

在日本股市，當股價完全沒有進行交易（沒有成交量的狀態），且 3 天連續處於「漲停板」或「跌停板」的話，漲跌幅限制就會擴大到規定的 2 倍。只不過，跌停板的時候只會擴大下限、漲停板的時候只會擴大上限。

這種漲跌幅限制是日本股市特有的現象，像台灣的漲跌幅限制設定為前一天的 ±10％，美國的股市則沒有漲跌幅限制。

 FOCAL POINT ————————————————————

小心哄抬股價的「掛假單」！

明明沒有要買進股票的意思，卻以拉升股價為目的，掛出大量限價委託單的行為稱為「掛假單」。

以下面的盤中五檔為例，如果在 496 圓的價位下「20,300」股的買單就會很明顯，大部分的投資人看到這麼大筆的限價委買會以為是「有人正在大量買入！」而注意到這檔股票。

利用投資人這樣的心理，明明沒有要買進的意思，卻掛出大量限價委託單，眼看快要成交時又取消買單就是所謂的「掛假單」。

只要看有沒有成交量，就可以判斷是不是掛假單。以剛才的盤中五檔為例，當股價跌破 496 圓時，這筆「20,300」股的買單是取消還是以 496 圓成交，就會顯現在成交量上。

把股價線圖換成 1 分線或 5 分線，只要能看見股價隨「20,300」股的

成交量下跌，就表示這筆買賣實際成交了。

　　然而，如果股價跌破 496 圓，卻只有 2000 股左右的成交量，表示「20,300」股的買單取消了。

委賣量	委託價	委買量
600	504	
800	503	
500	502	
900	501	
1,000	500	
	499	600
	498	900
	497	700
	496	20,300
	495	1,000

股價隨成交量下跌，表示這筆買賣實際成交

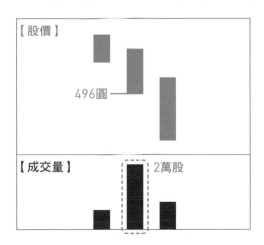

股價下跌卻沒有伴隨著成交量，表示這筆買單取消了

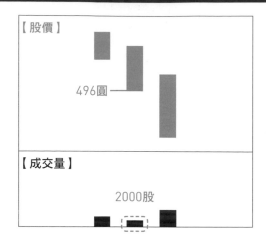

實作練習(5)

看懂買賣盤的訊息

看看下一頁的買賣盤狀況，你會看到什麼訊息呢？以你所接收到的訊息，回答以下的買賣問題（請以沒有來自第三人的委買委賣為前提）。

☑ **Q1** 假設你在【盤 I】以市價委託「賣出」2000 股，股價會變成多少？

☑ **Q2** 假設你在【盤 I】以市價委託「買進」1 萬股，股價會變成多少？

☑ **Q3** 假設你在【盤 I】以限價 1567 圓委託「買進」1000 股，只有一半，也就是 500 股成交的話，你覺得是什麼原因？

☑**Q4** 如何判斷【盤Ⅰ】「1,590」圓的「12,200」股的委賣與「1,591」圓的「5,300」股的委賣是不是「掛假單」？

☑**Q5** 請簡單扼要地整理出你從【盤Ⅱ】【盤Ⅲ】【盤Ⅳ】【盤Ⅴ】中得到哪些訊息及注意到的點。

【盤Ⅰ】

委賣量	委託價 市　價	委買量
2,470,000	OVER	
200	1,593	
300	1,592	
5,300	1,591	
12,200	1,590	
400	1,589	
100	1,588	
100	1,585	
100	1,584	
200	1,583	
100	1,582	
	1,570	1,000
	1,569	200
	1,568	900
	1,567	300
	1,566	900
	1,565	1,300
	1,564	700
	1,563	1,100
	1,562	1,800
	1,561	5,300
	UNDER	2,140,800

【盤Ⅱ】

委賣量	委託價	委買量
500	市　價	2,900
—	OVER	
		—
		—
100	1,051	
1,000	1,050	
100	1,040	
100	1,030	
100	1,029	
1,000	1,020	
前 3,600	1,000	
	999	前 2,900
	914	200
	906	100
	904	100
	903	300
	902	100
	901	100
	895	200
	892	200
	890	300
	UNDER	3,400

【盤III】

委賣量	委託價	委買量
—	市　價	—
400,000	OVER	
1,000	105	
1,000	104	
1,000	103	
1,000	102	
1,000	101	
1,000	100	1,000
	99	1,000
	98	10,000
	97	135,000
	96	1,000
	UNDER	1,000,000

【盤IV】

委賣量	委託價	委買量
45,000	市　價	1,250,000
—	OVER	
	—	
	—	
	—	
	—	
	—	
80,000	1,250	1,000
	1,250	1,500,000
	1,248	20,000
	1,247	20,000
	1,246	30,000
	1,245	25,000
	1,242	30,000
	UNDER	120,000

【盤V】

委賣量	委託價	委買量
5,000	市　價	
45,000	OVER	
5,000	55	
4,000	54	
4,000	53	
3,000	52	
5,000	51	
5,000 S	50	
	50	0
	—	
	—	
	—	
	—	
	—	
	UNDER	

跌停板的狀態

實作練習（5） **解答 ▶ 看懂買賣盤的訊息**

Q1 答案：「1568 圓」

	市　價		
2,470,700	OVER		
200	1,593		
300	1,592		
5,300	1,591		
12,200	1,590		
400	1,589		
100	1,588		
100	1,585		
100	1,584		
200	1,583		
100	1,582		
	1,570	1,000	←成交
	1,569	200	←成交
	1,568	900	← 800 股成交
	1,567	300	
	1,566	900	
	1,565	1,300	
	1,564	700	
	1,563	1,100	
	1,562	1,800	
	1,561	5,300	
	UNDER	2,140,800	

　　對這個買賣盤投入 2000 股的市價委託賣單，會由上往下依序成交。

1570 圓 1000 股

1569 圓 200 股

1568 圓 800 股

　　首先，1570 圓的 1000 股會全部成交（買賣成立），這時還剩下 1000 股的買單，因此價格會往下掉一檔，1569 圓的 200 股全部成交，這時還剩下 800 股的買單，價格會再往下掉一檔，1568 圓的 900 股會成交 800 股。這時成交價為 1568 圓，因此股價為 1568 圓。

Q2 答案：「1590 圓」

	市　價	
2,470,000	OVER	
200	1,593	
300	1,592	
5,300	1,591	
12,200	1,590	
400	1,589	
100	1,588	
100	1,585	
100	1,584	
200	1,583	
100	1,582	
	1,570	1,000
	1,569	200
	1,568	900
	1,567	300
	1,566	900
	1,565	1,300
	1,564	700
	1,563	1,100
	1,562	1,800
	1,561	5,300
	UNDER	2,140,800

9000 股
成交 →

全部成交 →
→
→
→
→
→

　　對這個買賣盤投入 1 萬股的市價委託買單，在 1582 ～ 1589 圓排隊，共計 1000 股的限價委託賣單都會成交。剩下 9000 股的買單則由 1590 圓的 12200 股中成交 9000 股。這時成交價為 1590 圓，因此股價為 1590 圓。

Q3 答案：對這個買賣盤下「以 1567 圓限價買進 1000 股」的委託單，數值會進行以下的修正。

	市　價	
2,470,000	OVER	
200	1,593	
300	1,592	
5,300	1,591	
12,200	1,590	
400	1,589	
100	1,588	
100	1,585	
100	1,584	
200	1,583	
100	1,582	
	1,570	1,000
	1,569	200
	1,568	900
	1,567	1,300
	1,566	900
	1,565	1,300
	1,564	700
	1,563	1,100
	1,562	1,800
	1,561	5,300
	UNDER	2,140,800

> 1,570 圓：1,000 股
> 1,569 圓：200 股
> 1,568 圓：900 股
> 1,567 圓：1,300 股
> （←追加新的 1,000 股買單）

　　以 1567 圓限價買進的委託單如果要成交，股價必須跌到 1567 圓以下才行。這時 1567 圓的限價委買數量一共有 1300 股，其中 300 股的限價委託買單下得比較早，因此如果以相同的價格交易，這 300 股會優先成交。因此以 1567 圓限價買進 1000 股的委託單如果只有 500 股成交，必須湧入能讓以下的限價委託全部成交的市價委託賣單才行。

1,570 圓：1,000 股　⎫
1,569 圓：200 股　⎬　**合計 2900 股皆為市價委賣**
1,568 圓：900 股　⎬
1,567 圓：800 股　⎭

倘若 1567 圓的限價委託只有 800 股成交，就表示先下單的 300 股買單和新下單的 1000 股買單中將有 500 股成交，因此必須滿足以下的條件。

1000 股＋ 200 股＋ 900 股＋ 800 股＝「2900 股市價委託賣單」

除此之外還有一個可能性，那就是以下這些事先下好的限價委託買單全部取消後，才收到 500 股的市價委託賣單。

1,570 圓：1,000 股
1,569 圓：200 股
1,568 圓：900 股
1,567 圓：300 股

全都取消後才收到 500 股的市價委賣

看買賣盤的狀況，
可以評估當天要買賣的掛單價是多少，
就不會老是買高賣低啦！

Q4　答案：看 1590 圓股價，成交量是否破萬。

	市　價	
2,470,000	OVER	
200	1,593	
300	1,592	
5,300	1,591	
12,200	1,590	
400	1,589	
100	1,588	
100	1,585	
100	1,584	
200	1,583	
100	1,582	
	1,570	1,000
	1,569	200
	1,568	900
	1,567	300
	1,566	900
	1,565	1,300
	1,564	700
	1,563	1,100
	1,562	1,800
	1,561	5,300
	UNDER	2,140,800

重點在於突破這個價位時是否有 1 萬股以上的成交量

　　股價超過 1590 圓時，只要伴隨著 1 萬股以上的成交量，由於買賣確實成立了，因此可以判斷「應該不是假賣單」。然而，當股價超過 1590 圓時，如果成交量明顯少於限價委賣量，就要做出「取消委託單（掛假單）的可能性很大」的判斷。不過，也有內盤互相買賣，故意製造成交量的手法，這時很難完全釐清是「自然的成交量」還是「製造出來的成交量」。

Q5 【盤II】重點與訊息

委賣量	委託價	委買量
500	市　價	2,900
─	OVER	
	─	
	─	
	─	
100	1,051	
1,000	1,050	
100	1,040	
100	1,030	
100	1,029	
1,000	1,020	
前 3,600	1,000	
	999	前 2,900
	914	200
	906	100
	904	100
	903	300
	902	100
	901	100
	895	200
	892	200
	890	300
	UNDER	3,400

沒有顯示出來！

◎ 沒有顯示1051圓以上的委賣量，可見1051圓是漲跌幅限制的上限，也就是漲停板的價格。換句話說，可以判斷為「急漲到漲停板附近的個股」。

◎ 每個價位（委託價）都只有 100 ～ 300 股的少數委託量，可見委託量很低。

◎ 像這種委託量很低的狀態，如果有一筆市價委託的大單敲進來，股價就很容易劇烈波動。

【盤III】重點與訊息

委賣量	委託價	委買量
—	市　價	—
400,000	OVER	
1,000	105	
1,000	104	
1,000	103	
1,000	102	
1,000	101	
1,000	100	1,000
	99	1,000
	98	10,000
	97	135,000
	96	1,000
	UNDER	1,000,000

跟前後比起來是很明顯的大單

◎ 可以看出只有 97 圓的委託價湧入了比前後的委託價明顯爆大量的限價委託買單。

◎ 從這筆買單可以感受到投資人「絕不能跌破 97 圓」的決心。

◎ 看到這種委託量，大部分的投資人或多或少都會覺得「很難賣」。

◎ 這筆 135,000 股的 97 圓限價委託買單可能是「掛假單」，但是如果有更大量的限價委買湧入，股價可能就會上漲。

◎ 只不過，如果這是「假買單」，這筆限價委託買單突然取消的話，股價可能因此暴跌，所以要特別小心。

【盤IV】重點與訊息

委賣量	委託價	委買量
45,000	市　價	1,250,000
—	OVER	
		—
		—
		—
		—
		—
80,000	1,250	1,000
	1,250	1,500,000
	1,248	20,000
	1,247	20,000
	1,246	30,000
	1,245	25,000
	1,242	30,000
	UNDER	120,000

大量的市價委買

沒有顯示出來！

◎ 因為沒有顯示出 1250 圓以上的價格，可見是「漲停板」。

◎ 1,250,000 股的市價委託買單遠多於 45,000 股的市價委託賣單。

◎ 在這種狀態下，為了打破「漲停板」的僵局，必須再投入差額約 120 萬股的委賣單。

◎ 當供需平衡破壞到這個地步，當天漲停鎖死的可能性相當大。

【盤Ⅴ】重點與訊息

委賣量	委託價	委買量
5,000	市　價	
45,000	OVER	
5,000	55	
4,000	54	
4,000	53	
3,000	52	
5,000	51	
5,000　S	50	
	50	0
	—	
	—	
	—	
	—	
	—	
	—	
	UNDER	

跌停板的
狀態

沒有顯示出來！

◎ 因為沒有顯示出 50 圓以下的價格，可見是「50 圓的跌停
　板」。

◎ 相較於市價委託買單為 0 股，市價委託賣單有 5000 股，所
　以只要湧人 1 萬股的市價委託買單，就能打開跌停板。

FOCAL POINT

最佳「買點」的線形大公開

　　前面為各位解說了幾項投資小型股的時候，最起碼一定要知道的技
術分析。

　　股價的變動由公司的業績或股價急漲時的契機等各式各樣的要素組合而成。因此不可能完美地判斷股價線圖，只能當作參考。

　　事實上，過去漲成 2 倍、3 倍、視情況甚至可以漲到 10 倍的十倍股都經歷過這種形狀的股價線圖，無一例外。

　　這種股價線圖的特徵，在於過去一直在地上與地底的界線上下來來去去，成交量也不高，有天成交量突然增加，股價也急速上漲，順利擠進地上股的陣容。

　　之所以會出現這種形狀的股價線圖，多半是因為公布財報或 IR（投資人關係）、新商品上市等等，皆有推升股價上揚的理由。

　　如果研究過後，仍不知股價上漲的理由，最好別碰那檔個股。

　　有一種「投機股」會故意製造出這種形狀的股價線圖，藉此拉抬股價。光看股價線圖無法分辨是否為投機股，必須研究股價上漲的原因，判斷這個原因「是否具有實體」。如果股價攀升伴有該個股業績亮眼的實體就可以投資，但是如果只有新商品上市或業務合作之類的 IR 訊息，還處於沒有做出實績階段的「期待值」，就必須特別注意了。

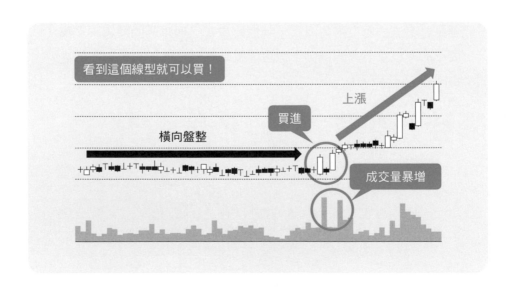

股價大幅上漲的個股股價線圖

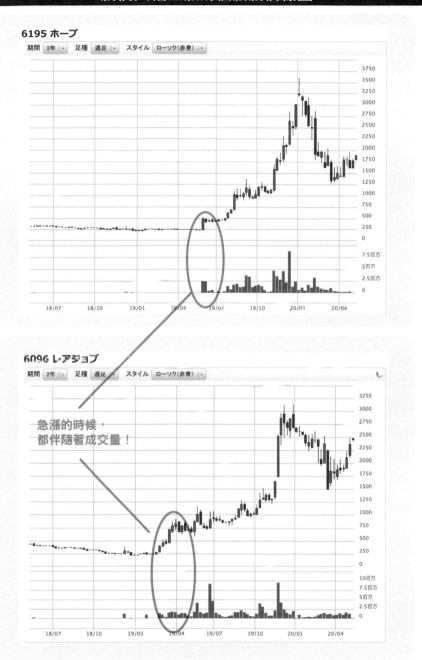

急漲的時候，
都伴隨著成交量！

FOCAL POINT

最佳「賣點」，要看線圖的這裡

投資股票的基本概念，不外乎「選擇」、「買進」、「賣出」，藉由這樣的流程獲利。如同選擇個股及買點，賣點的判斷也非常重要。

從結論說回來，從股價線圖判斷「要不要賣」的依據可以分成以下兩點。

☑ 不要賣＝持續處於上升趨勢

☑ 要賣＝上升趨勢結束

基本上，如果持續處於上升趨勢應繼續持有，當上升趨勢開始停滯就得思考是否要賣掉，一旦判斷上升趨勢結束要趕快賣掉——這是投資股票的基本概念。

大部分散戶很容易當股價處於上升趨勢，看到稍微漲一點就馬上賣掉，反之即使股價下跌，也會基於無憑無據的期待（應該遲早會反彈吧）、即使出現帳面上的虧損也抱著捨不得賣。

投資一定會有損失，為了得到彌補這些損失還綽綽有餘的獲利，必須讓獲利最大化，因此必須掌握趨勢。

如此一來，前面介紹過的至少一定要知道的技術分析（股價線圖及盤中五檔）就很有用了。

一天當中反覆買賣好幾次，藉此賺取價差的交易，都仰賴股價線圖及盤中五檔，制定嚴格的規則進行買賣，但集中投資小型股無法光靠股價線圖及盤中五檔來判斷買賣的時機。

股價線圖對於集中投資小型股的散戶來說，頂多只能當成「輔助工

具」來用，因為集中投資小型股的基本心法，在於對「該公司將來的成長」
進行投資。

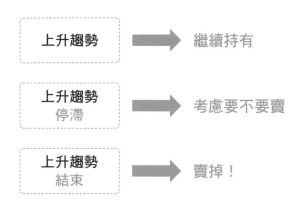

　　股價線圖及盤中五檔頂多只是用來掌握眼前供需的工具，如果是還
有非常大成長潛力的個股，就算有點跌破上升趨勢，「不要賣」才是正
確答案，但如果是已經沒有成長潛力的個股，即使上升趨勢只是稍微停
滯，「賣掉」才是正確答案。

　　那麼，以下就帶各位觀察股價線圖中「上升趨勢受到破壞」的時間點。

▶上升趨勢受到破壞的訊號

☑ Ⅰ 股價跌破中期移動平均線，過了好幾天還漲不回來

☑ Ⅱ 股價跌破長期移動平均線

☑ Ⅲ 急漲之後急跌，然後股價就爬不起來了

☑ Ⅳ 短期、中期移動平均線纏在一起，一時半刻難分難捨

　　以下面的股價線圖為例，股價在 ❶ 跌破了中期移動平均線（曾一度向上突破又馬上下跌）。另外從這裡也可以看出短期、中期的移動平均線纏在一起，可見這裡出現了 Ⅰ、Ⅳ 的賣出訊號。

　　也不乏從 ❶ 的時間點開始上漲的型態，因此無法判斷上升趨勢是否完全受到破壞（如果已經超過目標市值，也可以在這個時間點賣出）。

　　股價在 ❷ 貫破長期移動平均線，同時出現 Ⅰ、Ⅱ、Ⅳ 的賣出訊號，因此最好做出「賣出」的判斷。雖然也有可能從 ❷ 開始反轉上漲，但這個可能性很低。

　　如果在 ❷ 的時間點認為還有上漲動能，可以再觀察幾天。如果股價能在這幾天內轉為上漲，表示你猜對了，但如果下跌趨勢一發不可收拾，最好判斷是Ⅲ，乾脆地賣掉。

注意賣出訊號，該跑就要跑

實作練習（6）

參考線圖來做出投資的判斷

請觀察下面的線圖和買賣盤，填寫後頁的表格。

☑ **移動平均線（週線，為期 2 年）**

☑ **移動平均線（5 分線，為期 2 天）**

☑ **買賣盤**

委賣量	委託價	委買量
132,300	OVER	
100	1,753	
5,200	1,752	
200	1,751	
1,800	1,750	
100	1,749	
100	1,748	
100	1,746	
6,000	1,745	
200	1,743	
200	1,740	
	1,734	1,500
	1,733	1,500
	1,731	100
	1,730	200
	1,729	3,000
	1,728	100
	1,726	100
	1,725	800
	1,724	1,600
	1,723	2,200
	UNDER	90,600
股價下跌1018次	股價波動1849次	股價上漲831次

	檢查項目	檢查內容	投資判斷
移動平均線	移動平均線（週線）的趨勢	上升趨勢（持續、停滯、結束） 趨勢不明 下降趨勢（持續、停滯、結束）	買進、中立、賣出
	移動平均線（日線）的趨勢	上升趨勢（持續、停滯、結束） 趨勢不明 下降趨勢（持續、停滯、結束）	買進、中立、賣出
	移動平均線（5分線）的趨勢	上升趨勢（持續、停滯、結束） 趨勢不明 下降趨勢（持續、停滯、結束）	買進、中立、賣出
	地底股or地上股（日線圖）	地上股（上流、中流、下流） 地底股（上流、中流、下流）	買進、中立、賣出
成交量	成交量（日線圖）	激增、微增、正常、微減、激減	買進、中立、賣出
板	委託量	高、普通、低	買進、中立、賣出
	是不是掛假單	懷疑是掛假單（賣出、買進） 不覺得是掛假單	買進、中立、賣出
	成交價附近的委託量	賣方多、中立、買方多	買進、中立、賣出
	OVER和UNDER的委託數量	賣方多、中立、買方多	買進、中立、賣出
股價	近期高點（日線圖）	記錄股價（ 圓）	
	近期低點（日線圖）	記錄股價（ 圓）	
	現在的股價	記錄股價（ 圓）	
結論	最終的投資判斷（※假設尚未持有這支股票）	現在馬上買 以〇〇圓限價買進 不買	
	最終的投資判斷（※假設已經持有這支股票）	繼續持有 以〇〇圓限價賣出 現在馬上賣	

實作練習（6） ▶ **解答範例**

以下只是解答的例子之一。實際的投資要確認過基本面及事業內容，再做出最終的投資判斷。

檢查項目		檢查內容	投資判斷
移動平均線	移動平均線（週線）的趨勢	上升趨勢（持續）	長期可買進
	移動平均線（日線）的趨勢	上升趨勢（停滯）	中立
	移動平均線（5分線）的趨勢	下降趨勢（持續）	短期可賣出
	地底股or地上股（日線圖）	地上股（中流）	買進
成交量	成交量（日線圖）	正常（前陣子因為激增轉換為上升趨勢）	中立
買賣盤	委託量	普通	中立
	是不是掛假單	不覺得是掛假單（買賣雙方都有上千股的委託，因此可以當沒看見）	中立
	成交價附近的委託量	中立（就看得到的範圍內，買賣雙方限價委託的總數差不多）	中立
	OVER和UNDER的委託數量	中立（賣方稍多，但還在誤差的範圍內）	中立
股價	近期高點（日線圖）	記錄股價 （ 約2100圓 ）	
	近期低點（日線圖）	記錄股價 （ 約1000圓 ）	
	現在的股價	記錄股價 （ 1734圓 ）	
結論	最終的投資判斷（※假設尚未持有這支股票）	如果認為業績中長期還有成長空間「現在馬上買」／否則「不買」	
	最終的投資判斷（※假設已經持有這支股票）	繼續持有（中長期會繼續處於上升趨勢／如果從此將會變成地底股就要賣出）	

股價為何會上上下下？

　話說回來，股價為何會上上下下？各位是否確實地掌握住原因了？

　無論你是投資股票的新手還是老手，請好好地理解股價上上下下的原理。

　假設你和朋友一共 3 人，每人各出 100 萬圓合作開餐廳。

　很幸運地，客人順利增加，餐廳經營得有聲有色，每個月都能賺到 30 萬圓左右。3 人決定平分這 30 萬圓的獲利，每個月各分得 10 萬圓。

　3 人經營的餐廳在網路和口耳相傳下都有非常好的口碑，開了 2 號店、3 號店。當初每個月只有 30 萬圓的獲利，1 年後，每個月都能賺到 300 萬圓的獲利。3 人平分的獲利增加到每個月 100 萬圓。

　最初出資的 100 萬圓很快就變成「每個月能得到 30 萬圓的權利」，1 年後甚至擴大到「每個月都能得到 100 萬圓的權利」。

　有一天，你與共同經營的 2 位朋友對餐廳的經營方針產生歧異，還為此大吵一架。結果其中一位朋友決定「老子不幹了，隨便你們愛怎麼搞就怎麼搞好了！」決定把「每個月都能得到 100 萬圓的權利」賣給別人。

　由於是每個月都能得到 100 萬圓的權利，立刻有個有錢的大叔花 1000 萬圓買下。扣掉最早開餐廳時出資的 100 萬圓，賣出這個權利的朋友淨賺了 900 萬圓。

　想當然耳，除了這 900 萬圓以外，因為每個月都能分到餐廳獲利的 3 分之 1，因此投資利得遠遠超過起初投資的 100 萬圓。

　我想各位已經注意到了，這個「可以得到利益的權利」其實就是股票。原本只值 100 萬圓的股票，隨著餐廳的生意愈來愈好，賺的錢愈來愈多，成長為 1000 萬圓的十倍股。

　只要這家餐廳未來 10 個月都能維持相同的獲利，以 1000 萬圓買下「每個月都能得到 100 萬圓的權利」的大叔，就能全額回收其所投資的

1000 萬圓。而且從第 11 個月起,每個月的獲利都是淨賺。

如果餐廳的生意更加興隆,又開了 4 號店、5 號店,不難預料到每個月可以得到的獲利也更多。

由此可見,股價上漲時,勢必會出現「想以高價買下那張股票的人」。只要有人認為「股價會漲得比現在還高」而買下股票,股價就會上漲。相反地,如果沒有人認為「股價會漲得比現在還高」而買進股票,股價就不會再上漲了。

回到餐廳的例子。將部分經營權轉讓給大叔的餐廳,還以為能繼續順風順水地經營下去,沒想到某天居然發生食物中毒!收到衛生所勒令停止營業的行政處分。

由於已經是當地家喻戶曉的餐廳,發生食物中毒的消息迅速傳開,就連當地的報紙和電視台的新聞都報導了這則消息。

花 1000 萬圓買下餐廳股票的大叔嚇呆了,擔心一旦發生食物中毒的醜聞,以後就算重新營業,客人或許也不會再上門。萬一餐廳就這麼倒閉,當初砸 1000 萬圓大錢買下的股票就成了廢紙。

大叔是這麼想的:「與其讓股票變成廢紙,不如趁現在賤價賣出。」「雖然是花 1000 萬圓買下的股票,如果降到 800 萬圓,不知道有沒有人要買?」然而發生食物中毒必須暫停營業是眾所週知的事實,因此誰也不願意買這支股票。

儘管如此,大叔仍不放棄,「既然 800 萬圓沒有人要買,就算只有一半,500 萬圓也沒關係,拜託誰來接手吧!」

實際的股價就是以這種感覺下跌的。如果餐廳(公司)像以前那樣經營良好,持有股票的人可以分到的利益也會增加,因此想要那家公司股票的人會變多,推升股價。相反地,當餐廳發生食物中毒(公司經營出現危機),持有股票的人可以分到的利益就會減少,導致股價下跌。

由此可知,股價的漲跌,最終是由公司的業績好壞,還有買賣股票的人心裡在想什麼所構成的。

CHAPTER 6

買進股票後，如何判斷該繼續買、還是該賣掉？

為什麼業績明明很好，
股價卻下跌？

如果收到滿分的成績單，會得到爸媽的誇獎；如果收到滿江紅的成績單，則會換來爸媽的臭臉。然而，在股票的世界裡，卻經常發生業績明明很好，股價卻下跌；業績明明很差，股價卻上漲的現象。

之所以發生這種業績與股價背離的現象，是出自於投資人的「期待」，我稱這種現象為「大雄現象」與「王聰明現象」。

總是考 0 分的大雄一旦考了 30 分，周圍的大人就會稱讚他：「好棒啊！大雄，你好厲害呀！」這時大雄的股價大概就會上漲。

另一方面，總是考 100 分的王聰明只考 80 分的話，周圍的大人都會擔心他：「怎麼了？王聰明，你沒事吧？」這時王聰明的股價可能就會下跌。

在投資的世界裡，股價會像這樣隨投資人的心理波動。冷靜地比較 30 分和 80 分，只要有眼睛的人都看得出來，80 分比 30 分優秀，但這時如果再加上「周圍的大人（投資人）的期待」，事情就會變得不一樣了。

換言之，股價受到公司業績（財務報告）影響的變動，不完全是因為財報本身好不好看，而是取決於「能否超出投資人的期待」。

✕　一般人的印象

業績提升（＝股價上漲）

↑

-------------------- （公司的業績）--------------------

↓

業績低落（＝股價下跌）

○　實際的市場

超出期待（＝股價上漲）

↑

-------------------- （公司的業績）--------------------

↓

沒超出期待（＝股價下跌）

FOCAL POINT ─────────────────

在發表財報前，
決定「要不要賣掉」的關鍵

　　你所投資的公司發表財報時，就像收到孩子的成績單。請不要等到
發表財報，看到股價急漲暴跌後，才知道成績單已經發下來了。

　　可以上公司網站的「IR 行事曆」查詢發表財報的日期（有時候日期
還不確定，要等時間接近才會公布）。

　　投資人必須面對「要抱到財報公布嗎？」的問題。如果預測財報內
容不佳，就得在結算前賣掉股票；反之，如果預測財報內容會很亮眼，
就得在結算前買進或增加持股。

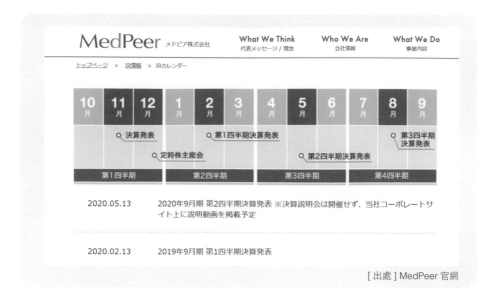

從結論來說，要不要抱到財報公布，依各位對那家公司的「投資策略」與「結算前的股價波動」而異。

舉例來說，如果是剛開始投資，不是光看眼前的數字，而是從更長遠的角度去評價該公司的潛力時，不妨抱到財報公布再說。

然而，如果是已經投資了一段時間，股價也漲了一波，根據事先擬定的投資策略也覺得「是不是該賣了？」的時間點，比起刻意抱到不曉得會發生什麼狀況的財報公布，直接獲利了結或許也是個好方法。

股價幾乎不動、等於乏人問津的公司，如果公布的財報內容比想像中好，股價可能會上漲，就算財報內容有點不上不下，因為本來就不引人注目，有些公司的股價也不會因此下跌。

另一方面，有些公司則是在公布財報前就令投資人充滿期待，股價緩步上揚。這是以「結算數字似乎會很亮眼，所以趁公布財報前買進，再利用結算後上漲的時機賣掉」，這種短期買賣為目的的投資人會買的股票。

這種投資人會怎麼做呢？沒錯，他們會「結算後就賣掉」。因此即使公布的財報很亮眼，原本上漲的股價也會一口氣轉為下跌。

以下為各位做個整理。

▶ 抱到公布財報

- ☑ 剛開始投資的時候
- ☑ 公司似乎還有成長空間的時候
- ☑ 不受其他投資人關注的個股
- ☑ 股價直到結算前都還不動如山的個股
- ☑ 儘管還沒什麼人注意到，但財報內容大概會很不錯

▶ 公布財報前賣掉

- ☑ 結算前受到投資人的期待而大買，股價因此上漲的時候
- ☑ 覺得差不多可以賣出的時候
- ☑ 公司的成長空間不太可能比現在更高的時候
- ☑ 財報大概無法超越投資人期待的時候

等到財報公布（成績單發下來），
才決定要抱要賣，就太慢啦～

FOCAL POINT

本金沒超過這個數字，
別輕易買第二支股票

　　投資的個股愈多，投資一定愈容易變得雜亂無章。

　　假設有 100 萬圓的資金，有人說「可以投資 10 支股票喔」，也有人說「只能投資 1 支股票喔」，哪種投資方式會讓你更認真地研究投資標的呢？當然是集中投資 1 支股票會更認真、更仔細地研究吧？

　　投資後，如果只有 1 支個股，我們會澈底地追蹤訊息。但如果分散成 10 支股票，肯定過幾個月就會落得「咦？我買過這支股票嗎？那是什麼樣的公司啊？」的下場。

　　為了避免發生這種狀況，應該慎選投資標的，等到資金變多再慢慢增加投資個股也沒關係，但也不要增加太多，否則會管理不來，所以一定要特別小心。

　　以下是依照資金大小，建議持有的個股數量。

> ▶ **資金超過百萬，再投資第二支股票**
>
> ☑ 10 萬～ 300 萬圓 ························· 1 支股票
> ☑ 300 萬圓～ 1000 萬圓 ·················· 1 ～ 2 支股票
> ☑ 1000 萬～ 3000 萬圓 ··················· 2 ～ 3 支股票
> ☑ 3000 萬～ 1 億圓 ······················· 3 ～ 5 支股票

　　順帶一提，如果基於與集中投資小型股不同的目的（例外持股），同時持有幾支股票倒也沒問題。不過請先集中投資小型股到一定的程度，待資金增加後，再來投資例外持股。

例外持股的數量參考

☑　期待股價短期就會上漲的股票＝１支股票

☑　以好幾年為單位打算中長期持有的股票＝２～３支股票

☑ 期待股價短期就會上漲的股票＝1支股票

　　人在投資的時候難免會一時衝動買想進「短期內好像會上漲的股票」，這種想法比起投資更接近投機，但增加資庫後，倒也可以累積這種短期買賣的經驗。

　　然而，股價在短期內上下波動的個股必須每天仔細檢查，建議最好不要同時持有好幾支這種類型的個股，請務必只鎖定１支股票就好。

　　如果想同時管理好幾支個股，可能會過度在意股價，無法專心於本業的工作。還有，請不要因為太貪心而投入太多資產。重點在於金額不要太大，並做好隨時都能全身而退的準備。

☑ 以好幾年為單位打算中長期持有的股票＝2～3支股票

　　假設你遇到「別在意眼前的股價波動，想以好幾年為單位長期持有」的股票，這種股票在投資後不太需要每天盯著看，因此也可以用類似定存的感覺同時持有２～３支個股。但還是要小心，就算是打算長期投資的例外持股，一旦持有太多，還是會管理不來。

FOCAL POINT

買進股票後的三種處理方式

在擬定投資策略時，重點在於要事先想好「股價上漲時該怎麼辦？」「股價下跌時該怎麼辦？」

手中持股的三種買賣判斷

☑ 以「目標股價」來做判斷

☑ 以「時間軸」來做判斷

☑ 以「最新消息」來做判斷

☑「目標股價」：短期內如果達成目標的80%，就可以賣出

事先擬定好的投資策略中，距離「目標股價」還有多遠，就是一種判斷標準。

假設以股價 100 圓買進，設定 1 年後的目標股價為 500 圓，即使短期內上漲到 140 圓，也還不應該賣。

只不過，如果目標股價是 3 個月後漲到 150 圓，短期內已經漲到 140 圓的話，這時的判斷標準就不一樣了。因為相較於股價 3 個月從 100 圓漲到 150 圓的目標股價，短期內已經達成 80% 的進度。這時與其堅持要等到 150 圓的目標股價，承受風險去賺那 10 圓的價差（增加 20%），獲利了結才是更有效率的投資之道。

「時間軸」：一週內暴漲的股票，就算只達到目標50% 也可以先賣

還有一種判斷標準是「時間軸」。假設 1 年後的目標股價是 500 圓，以 100 圓買進，運氣好的話，才剛投資就傳出利多消息，連著好幾天都漲停。

買進後才一週，股價轉眼間就漲到 2.5 倍的 250 圓，這時差不多就可以獲利了結了。

根據股價在 1 年後變成 5 倍的投資策略，可以算出即使股價持續上漲，也得花上半年的時間才能漲到 250 圓。**既然能在短短 1 週內達成這個目標，與其承受風險，期待後面的股價上漲，就算只達成預定目標的一半，最好也先獲利了結**，尋找下一個投資標的，才是更有效率的投資之道。

 「最新消息」：有機會成長更多的股票，要趕快加碼

買進股票後才釋出的消息，也是一種判斷標準。

研究那則新聞，如果能得到足以確信「可能會比當初預定的目標股價更高！」的證據，「加碼」也是一種選擇。

舉例而言，假設半年後的目標股價為 300 圓，以 100 圓買進時，該公司宣布與大企業合作，就可以判斷股價豈止漲 3 倍，甚至有可能變成十倍股。

即使股價這時候已經來到 150 圓，相當於目標股價的 50％，一旦得到股價有機會成長 10 倍的利多消息，反而要繼續加碼，才能擴大獲利。

股價 150 圓→ 300 圓的投資，或許沒有加碼的理由，但股價有可能 150 圓→ 1000 圓的投資，就有充分的理由加碼。

只不過，如果是短期內急漲到漲停板的個股，隨後暴跌的風險也很大，因此加碼的時候請務必做好資金管理。

股價下跌時，
先判斷三件事再決定賣出

先說結論──買的股票下跌時，基本上就是要「趕快賣掉」。

原本預期股價會上漲才買進股票，股價一旦下跌，表示當初看走眼了，必須坦然接受這個事實，再來判斷該怎麼做。

基本上「下跌的股票要馬上賣掉、上漲的股票要牢牢地抱住」，光是這樣應該就能十拿九穩地提升投資績效。

在這樣的前提之下，能接受多少虧損的「風險承受範圍」，即為股價下跌時的判斷標準。

只要虧損還在投資策略設定的風險承受範圍內，就應該「繼續持有」，如果損失超出風險承受範圍則要「賣掉」。

假設 1 年後的目標股價為 500 圓，以 100 圓買進，即使股價短期內跌到 80 圓，也不應該急著賣掉。因為以股價成長 5 倍為目標的個股，眼前－ 20％的帳面虧損其實還在誤差範圍內。

另一方面，**假設 3 個月後的目標股價為 150 圓，以 100 圓買進，若股價同樣在短期內跌到 80 圓，最好老實承認自己看錯了，停損賣出。**因為明明以 3 個月的時間軸期待股價上漲，股價卻在這麼短的時間內下跌，甚至還出現帳面虧損，因此必須做出停損的判斷。

除了以上這兩種假設情況，還有一種例子該這樣判斷要賣還是繼續持有。

假設 1 年後的目標股價為 500 圓，以 100 圓買進，半年後股價漲到 300 圓，看起來非常順利，沒想到股價隨後一口氣跌到 250 圓──同樣都面對「股價下跌」的事實，但這個例子並不是出現帳面虧損，而是帳面獲利減少。

這時也別忘了從宏觀的角度看大局：股價上漲到 300 圓後，再跌到 250 圓的差額是 50 圓，**這時判斷是「暫時性的回檔」還是「趨勢真的轉變」就顯得格外重要。**

如果只是暫時性的回檔，**股價還處於中期移動平均線上的話，請「繼續持有」**；如果移動平均線纏成一團亂麻，**股價跌破長期移動平均線又站不回去的話，就要判斷是趨勢轉變而「賣出股票」。**

或許也可以這樣思考——

當持股的股價下跌，買進更多股票的行為稱為「攤平」。

增加持股的數量具有降低平均買進單價的效果，但這是「最不該做的事」。

攤平的用意在於藉由「下跌就買」和「再跌再買」的方式，不斷地降低平均買進單價，當股價有朝一日反彈上漲，就有機會彌補帳面上的虧損。但是除非有很多剩餘資金，而且也做好要跟那家公司同歸於盡的心理準備，否則絕對不要攤平。

下跌的股票具有繼續下跌的傾向，當持股下跌時，比起不願承認失敗，繼續攤平，不如老實承認自己的失敗，痛快停損。有勇氣地撤退，才能再從事下一次的投資。

等到 150 圓的目標股價，承受風險去賺那 10 圓的價差（增加 20％），獲利了結才是更有效率的投資之道。

FOCAL POINT

「股價不動」，也是一種虧損！

「買的股票雖然沒跌，但也不漲……」

像這種時候，你會怎麼做？

或許你會覺得「既然沒損失，就可以繼續抱著」。乍看之下雖然沒有損失，但是在看不到的地方其實正在虧損！那就是「機會損失」。

投資是持續把自己的錢移動到錢會變得更多的地方。也就是說，如果一直讓資金擱淺在不動的股票上，就得不到投資其他會上漲的股票應該能得到的獲利。

一直抱著股價不動的股票，其實也是一種虧損。

股價既不上漲也不下跌的個股表示根本不受投資人青睞，因此最好趕快換成現金，投資其他有機會上漲的個股。

讓投資的資金卡在不會動的股票上，
雖然不會賠錢，
但損失了讓這些資金可以獲利的機會！
還是快點改投資吧～

→ 該賣掉？還是該繼續持有？

投資行為是「持續把自己的錢、移動到錢會變得更多的地方」。

如果判斷錢放在現在的地方不太可能再增加了，請不要猶豫，立刻思考把錢移到別的地方的可能性——這是投資的基本心法。

實際上開始投資，應該會覺得「賣」股票的時機遠比「買」股票的時機困難。「到底什麼時候要賣股票」總是令投資人傷透腦筋。

無法在該賣股票的時候賣出股票的人，經常會有這樣的想法：

「我覺得還會再漲。」

「現在雖然有帳面虧損，但我認為遲早會漲回來。」

「或許只是暫時下跌。」

「我不想停損。」

行為經濟學稱這種心理狀況為「稟賦效應」，這是一種覺得自己擁有的東西有很高的價值，不願意輕易放手的人類心理。

211

據說人會覺得自己已經擁有的東西比尚未擁有的東西多出 2 倍的價值，這是因為不希望已經投入的金錢或勞力白費的心理作祟。

基於這種心理上的緊箍咒，人在投資股票時會累積愈來愈多的帳面虧損。

那麼該怎麼做才好？其實，只要問自己一個簡單的問題，就能擺脫這個困境。

「如果我沒有這支股票，現在會買嗎？」

如果答案是「YES」可以繼續留著，如果答案是「NO」就要賣掉。

就算基於以上的判斷賣出股票，如果在那之後發現同一支股票又有希望了，根據我的經驗，可以等有希望的時候再買回來就好。

雖然要花一點手續費，但是遠比拖拖拉拉地抱著價格繼續下跌的股票，要來得有經濟效益多了（前文也提過了，老是不動的股票，也是一種虧損）。

（證券代號）：1234

公司名稱	×× 商事
目前股價	500 圓
取得單價	1,000 圓
預估現值	500,000 圓
預估損益	－ 500,000 圓
預估報酬率	－ 50%

看到這個畫面，也難怪會產生「買掉就損失定了，所以不想賣」的猶豫心情。然而，在畫面背後，其實是這種狀態。

放了 50 萬圓在 xx 商事的經營團隊那邊

你用 100 萬圓投資 xx 商事的股票價值，腰斬到只剩下 50 萬圓，這跟你把 50 萬圓放在 xx 商事的經營團隊那邊是相同的狀態。

當然，只要你想把錢要回來，隨時都能拿回那 50 萬圓，也可以繼續把 50 萬圓放在 xx 商事那裡。

請想像上述情況，回答以下問題。

**假如你現在手上有 50 萬圓，
會放在 xx 商事的經營團隊那邊嗎？**

如果答案是「YES」，就先繼續留著，如果答案是「NO」，那就乾脆地賣掉吧！

:: 選股達人小叮嚀

不知道該不該賣的時候，想像自己「沒有買」這支股票，
然後問自己「會買嗎？」

CHAPTER 7

持股暴跌時，該如何因應？

FOCAL POINT ──────────

股價暴跌的四個預兆

投資時，難免會遇到股價大幅下挫的情況。

「活力門事件」（2006 年 1 月）、「雷曼風暴」（2008 年 9 月）、「肺炎疫情衝擊」（2020 年 3 月）……截至目前，出現過好幾次全球化股價暴跌的情況。不只上述的暴跌，每年還會發生好幾次所謂的「市場修正」，導致整個市場應聲下跌。

市場什麼時候要暴跌？說實話，幾乎不可能正確地預測時間點。不過，當事過境遷後再來回顧，會發現大部分的暴跌，事前都有明顯的預兆。難就難在不是出現預兆就一定會暴跌，但是能不能以「可能會暴跌」的心態面對，結果差很多。

在股價暴跌之前，有四個預兆，請各位要小心。

準度很高的四個暴跌預兆

 股價急漲時　　　　　 菜籃族開始買進時

 融資增加太多時　　　 人的行為產生變化時

☑ 〈預兆1〉股價急漲時： 買盤催出買盤，賣盤催出賣盤

如果股價急漲的契機是因為「有足以推升那家公司業績的明確利多消息」就沒問題，**但是大部分急漲的股票都「只靠投資人的期待」被買進，業績根本還沒公布**。股價急漲，也可以說是基於「投資人急於買進的心理」。

光靠投資人的期待被買進、導致股價急漲的個股，背後通常都沒有足以支撐股價的「業績」，只是虛漲，因此只要稍微不符合期待，股價就會一口氣暴跌。

股價一旦急漲，從線圖看到上升趨勢的短期投資人及當沖客這類投資屬性比較衝動的人，會聚集在這檔股票上，於是買盤又吸引出買盤。

當事情一旦變成這樣，股價就會飆高到嚴重背離實際的業績水準。如此一來，許多持有這支股票的投資人就會開始尋找賣點。

當有人開始賣出股票，導致股價下跌，其他人就會一起脫手，導致股價進入失速下墜的狀態。**這就是所謂的賣盤刺激出賣盤，股價因此暴跌。**

☑ 〈預兆2〉融資增加太多時：為了賣掉而買進的投資人居多

借錢投資的信用交易要繳利息，還有追繳期限等諸多限制，因此以信用交易融資買股票的投資人，都傾向於短期買賣。

因為信用交易的委託數量是公開資訊，可以藉此掌握眼前的供需比例。舉例來說，請看下一頁的「當週資券餘額」，發現「融資餘額」的股數是「融券餘額」的 5 倍。融資餘額較多，代表認為這支股票會漲而借錢來買的投資人也比較多。

融資增加的股票，是投資人「不惜透過信用交易（借錢）也想買進」的股票，因此短期內通常都會上漲。

　　然而這種以「融資」買進的股票，也意味著「在不久的將來就會被賣掉」。股票交易分成「現股」和「融資融券」兩種交易方法，以現股買入股票的人愈多，表示他們是以「將持有幾個月、幾年」的心態買進也說不定。但是信用交易要繳利息，因此以融資買股票的人，很可能是抱著「稍微漲一波就要獲利了結」的心態。

　　換句話說，**「融資餘額」增加多少，也就意味著不久的將來會增加一樣多的「委賣數量」**，因此當融資餘額增加，一定要小心股價暴跌的情況發生。

　　融資多寡是一種相對的概念，因此不能單純地斷言幾股以上算多、幾股以下算少。判斷是多是少的方法，應該要比較「已經發行的總股數」與「單日的成交量」，從比例上來思考。

　　流通在市場上的「已經發行的總股數」中，透過信用交易買賣的「融資餘額」比例愈高，股價暴跌的「風險也愈高」；比例愈低，股價暴跌的「風險也愈低」。

當週資券餘額		
05／01	股數	前週比
融資餘額	866,500	+51,700
融券餘額	164,000	-50,600

[出處] Monex 證券

　　「周轉天數」的數值，也能用來預測股價會不會暴跌。周轉天數的公式是「剩餘股數（融資＋借券）的單日平均×2÷新發行及返還股數（融資＋借券）的單日平均」。

　　如果周轉天數為 10 天，代表該個股的信用交易平均 10 天後就會反向交易。也就是說，**周轉天數愈短，短期交易的投資人愈多。**

　　股票市場具有處於上升趨勢時，周轉天數愈短；處於下降趨勢時，周轉天數愈長，只要簡單地記住「如果周轉天數變短就要注意」即可。

❯ 高風險的狀態

- ☑ 已經發行的總股數：10 萬股
- ☑ 融資餘額：1 萬股
- ☑ 單日的成交量：2 萬股
  - ➡ 已經發行的總股數有 10％都是融資餘額
  - ➡ 單日的成交量有 50％都是融資餘額

❯ 低風險的狀態

- ☑ 已經發行的總股數：100 萬股
- ☑ 融資餘額：1 萬股
- ☑ 單日的成交量：50 萬股
  - ➡ 已經發行的總股數只有 1％是融資餘額
  - ➡ 單日的成交量只有 2％是融資餘額

☑ 〈預兆3〉 菜籃族開始買進時 ： 不會再有更高的買入價格

當平常明顯沒有在投資的人開始買進股票時，也是暴跌的前兆。我在前一本著作裡介紹過「當擦鞋童開始聊起股票時，就表示該賣了」的故事，這個現象在任何一個時代都會反覆地發生。

2017 年後半開始到同年底，網路上的加密資產（虛擬貨幣）「比特幣」的價格飆漲，當時每天都能看到虛擬貨幣交易所的電視廣告，就連平常大概沒有在投資的高中生也在電車上聊起比特幣的話題；打開電視，平常明顯沒有在投資的搞笑藝人也說他們都買了比特幣。

同樣地，當某檔個股的話題在網路上被炒作得沸沸揚揚、股價急速上漲時，隨後暴跌的風險也跟著水漲船高。

突然急速上漲的股價如果要繼續上漲，就必須有投資人願意用更高的價格買入。**然而，連菜籃族都進場買進股票後，到底還有誰願意用更高的價格買入那支股票呢？**

就像在杯觥交錯的宴會上，而你姍姍來遲，接過別人倒好的酒，豪邁地一飲而盡後，發現曾幾何時早已人去樓空，最後只剩帳單等著你……。

為了避免陷入如此悲慘的狀況，一旦感覺「平常明顯沒有在投資的人最近都買了股票」，就要做好股價暴跌的心理準備。

 〈預兆4〉人的行為產生變化時 ： 當消費行為改變，股價也會改變

2008 年的雷曼風暴起因，是美國付不出房貸的人突然暴增，空屋率愈來愈高，拖欠房租卻賴著不走的人愈來愈多。

描寫早在 2005 年就看出次級房貸（借錢給信用記錄較差的人買房子的住宅貸款）的漏洞、利用雷曼風暴大賺一筆的電影《大賣空》（2015 年），是一部同時呈現操盤手們千奇百怪的想像力與金錢魔力的作品。對學習怎麼投資股票也很有幫助，推薦對投資股票有興趣的人請務必找來看。

至於 2020 年的肺炎疫情風暴，則讓過去被 inbound（訪日外國人）擠得水泄不通的東京銀座及京都嵐山的觀光客一口氣消失得無影無蹤，再也沒有人要搭新幹線了。

若想成為賺錢的投資人，就必須對明明世人的行為已經產生如此重大的變化，股價卻沒有反應出這一點的狀態感到懷疑才行。

在背後撐起股價（股票的價值）的是該公司的業績，公司的業績要持續成長，絕對不能少了願意購買該公司商品、服務的消費者。

股價與經濟密不可分，一家公司倒閉，連相關企業都會受到影響。一家餐廳倒閉，出租店面的房東可能收不到租金，供應食材或酒的業者及配送業者的營收也會減少。不僅如此，由於餐廳的員工及打工人員也會因此失業，可能會害他們連要付自己家的房租都有困難。

隨著世人行為產生變化的蝴蝶效應，有時候僅僅一家公司倒閉，也會影響到整個股票市場。

為了事先察覺暴跌的可能性，加以迴避，最好隨時打開天線，留意社會上的價值觀變化及世人的行為變化。

FOCAL POINT ──────────────

當持股暴跌，別急著馬上賣出

股價暴跌時，大致可以分成兩種型態：特定股票暴跌，所有股票都跌。先帶各位思考，遇到特定股票暴跌時，該如何判斷是否立刻出清。

☑ 用「會不會影響事業」來判斷

這種股價暴跌的原因，多半出在那家公司身上，可以思考兩種方向──

☑ 對業績沒有影響，只是暫時供需變化的下跌 ➡ 繼續持有

☑ 對業績有很嚴重的影響，才導致下跌 ➡ 賣掉

最重要的關鍵，還是在於「股價暴跌的原因」。基本上，股價暴跌的原因如果是（為股票價值背書的）公司業績從根本上惡化，就要「賣掉」，否則應該「繼續持有」。

以下舉出幾個暴跌的具體的例子，幫助大家判斷暴跌的狀況如何。

✅ 因財報數字太差而暴跌

股價暴跌的原因最多來自於財報，萬一不如投資人預期，股票就會慘遭倒貨，導致股價暴跌。

這時請先判斷業績惡化的原因是「暫時性的問題」，還是「會影響到中長期的問題」，再來決定是要繼續持有還是賣掉。

舉例來說，如果只是因為暫時性的系統故障或負債處理導致獲利減少，對中長期的事業沒有影響的話，可以繼續持有。

另一方面，即使獲利沒有減少太多，但如果財報內容讓你覺得中長期「已經沒有成長空間了」，做出「賣掉」的判斷會比較明智。

✅ 股價急漲後的暴跌

重點在於分辨這種暴跌是「暫時性的調整」？還是「因為已經沒有成長空間了」？

舉例來說，有家看起來市值可以成長到 1000 億圓的公司，股價在市值 100 億圓上下急漲又暴跌，從長遠的角度來看，這只是小小的調整，所以大概會做出「繼續持有」的判斷吧。

然而，假設同一家公司成長到市值 800 億圓的時候股價暴跌，投資人很可能會認為「啊，或許已經成長到極限了」而做出「賣出」的判斷。

請以「市值因為暴跌減少多少」和「減少的市值從將來的市值來看是多或少」的角度來思考。

✅ 董事長或其他大股東拋售自家股票時的暴跌

公司的經營團隊是最清楚那家公司的真實情況及成長空間的人，所以當董事長或公司外部的大股東大量拋售持股的時候，就要特別小心了。

　　經營團隊每天都要面對「合約」、「官司」、「公司內部與顧客的糾紛」和「事業風險」等等，不會讓一般投資人知道的即時情報，當他們開始拋售自家公司的股票，很可能是因為公司的業務已經惡化到必須賣股票換現金，或是認為「股價再也漲不上去了」。

　　也有一些賣股票的原因是「董事長需要現金買房子」或「需要變現以換取別的資產」，如果賣掉的股數不多，或許還在容許範圍內。

　　只不過，大股東拋售股票畢竟不是什麼好消息，最好冷靜地分析「大股東為什麼要賣股票？」再做出判斷。

✅ 因配股配息太少而暴跌

　　「配股配息」是將公司賺到的錢分一部分給股東，相對於買進的股價，一年下來可以分配到多少股息稱為「殖利率」，很多投資人最在乎的就是殖利率。

　　一旦殖利率降低或不配股息，這種投資人就會認為抱著這支股票不再有賺頭而賣出。原本高殖利率的個股一旦減少配股配息，股價就很容易暴跌。

　　投資人之間對配股配息的看法也很兩極，毀譽參半。確實無法單純地以為高殖利率的公司就是優良個股，但是對於「配得起」高股息與「配」高股息的經營判斷是不一樣的。

　　比如把日本酒倒進裝在小木盒的杯子裡，配股配息就是從杯子裡滿出來的酒。當場喝掉滿出來的酒是「配」股息的經營判斷。另一方面，也有一種經營風格是利用滿出來的酒，讓杯子和小木盒的尺寸都變得更大的領航投資概念。

　　所謂的領航投資，是為了擴大將來的業績所做的投資，即使現在不能馬上產生直接的收益也無妨。

　　配股配息本身沒有對錯，只是從不同的角度來看配股配息時，有些人的經營判斷是「杯子和小木盒已經夠大了，接下來請與大家一起享用美酒」。

我個人的想法是，「接下來將大幅成長的公司，即使有獲利也不該配股配息，先從事領航投資」。

美國亞馬遜自 1997 年上市以來，一次也沒有配過股息，但股價已漲到上市時的約 2000 倍以上（2020 年 8 月當時）。

☑ 打官司引起的暴跌

如果與競爭對手或顧客間產生糾紛，鬧到上法院的話，股價也會一瀉千里。

因為擔心「公司的獲利會因為打輸官司時要支付的賠償金或和解金而降低」，光是傳出打官司的消息，股價就會下跌。

事實上，只要是上市企業，告來告去是家常便飯。不支付加班費、性騷擾或職權騷擾的問題、盜用公款、侵犯著作權或商標權、不履行契約、跳票、瑕疵品所引起的意外和洩漏機密等等，事業做得愈大，這些問題就會層出不窮地發生。因此重點在於打官司的內容「會不會影響到公司的事業？」

☑ 因財報造假而暴跌

利用不正常的會計手法篡改財務報告（資產負債表、損益兩平表）的內容，讓財務狀況或經營狀態看起來比實際好的「財報造假」曝光的那一刻，基本上這家公司就完蛋了。

買股票意味著「相信那家公司的經營團隊而把錢交給對方」，對於交付金錢的投資人而言，經營團隊有義務報告正確的數字，否則投資人將無法做出正確的判斷。

財報造假等於是瞬間將投資人與經營團隊間的信賴關係摧毀殆盡的詐欺行為，這時幾乎可以認定這家公司已經失去投資的價值了，最好立

刻賣出股票。

　　不過，有些因財報造假而股價暴跌的公司會被別家公司併購，開除所有不法的經營團隊，進行經營重建，這時就還有一切歸零、重新思考能不能投資的餘地。

☑ 原因不明的暴跌

　　「原因不明」的暴跌狀況出乎意料的多，尤其容易出現在成交量比較少的小型股上。

　　日經平均等整個股票市場大幅下跌時，小型股很容易受到拖累也大幅下挫。影響股價的原因多如牛毛，比如政治上的因素、恐怖攻擊、國際情勢、國家政策、修法或匯率變動等等。

　　搞清楚整個股票市場下跌的主要原因，如果只是暫時性的問題，對持股的業務沒有影響，就不會構成問題。但如果是像雷曼兄弟風暴那樣，會讓整體經濟陷入中長期不景氣的話就必須注意了。

　　另一方面，如果與整個股票市場無關，只是單純有人對那檔個股下市價委賣大單的時候，股價也會暴跌。尤其小型股的委託量通常比較低、成交量也比較小，因此光是湧入幾百萬圓～千萬圓的市價委賣單，股價就會暴跌。

　　以下一頁的買賣盤為例，假設有人下了 5000 股（約 500 萬圓）的市價委託賣單。因為「委買量」的欄位加起來只有 3900 股的買單，因此就算這 3900 股的買單都成交了（5000 股－ 3900 股）也還剩下 1100 股的賣壓，因此股價會「跌停」。

委賣量	價格	委買量
4,200	OVER	
300	980	
100	968	
100	965	
100	964	
700	960	
100	950	
100	945	
100	915	
100	912	
前200	910	
	895	前100
	883	100
	880	200
	870	100
	868	100
	864	200
	862	100
	861	100
	850	100
	846	200
	UNDER	2,600

我想但凡具備基礎知識的投資人看到上圖的數字，都不可能一口氣下 5000 股的市價委託賣單，但有時候是不小心多按一個 0 也未可知（聽起來很像開玩笑，但這種事真的發生過）。

除非像這種輸入錯誤，否則可能是大股東有什麼內線消息，得到該公司尚未公諸於世的利空消息，所以大量拋售持股。

光靠「股價突然下跌」的事實，就想知道背後的真相不太實際，但最好把所有可能的事實都考慮進去，進行投資判斷。

FOCAL POINT

不景氣時，
「基礎建設」是上漲的關鍵字

　　全世界的景氣都很好的時候，買什麼股票都會上漲。另一方面，如果全世界都不景氣，尤其以大企業為主，股價會坐溜滑梯似地下跌。但是正因為不景氣，接下來確實有成長空間的小型股會被賤價出售，所以這可是賺大錢的好機會。

　　「不景氣、卻還上漲的股票」確實存在，因為無論再怎麼不景氣，都不能少了「食衣住」。因為疫情的關係不能出門，「衣」和「外食」的需求會減少也說不定，但生活所需的需求並不會消失。

　　不景氣時，「基礎建設」是投資標的的關鍵字。

　　聽到基礎建設，或許會想到「電」、「瓦斯」、「自來水」、「零售」和「物流」等等業種，但負責推行這些基礎建設的公司都是「中部電力」、「東京瓦斯」、「永旺」和「SG（佐川）控股集團」這些市值不是 1 兆圓就是 2 兆圓的大企業，所以成長空間十分有限。

　　集中投資小型股的投資標的，是提供「接下來可能會變成搶手基礎建設的服務」的公司，**若從「人類的行為將如何變化？會把錢花在什麼地方？」的角度來思考，答案呼之欲出。**

　　舉例來說，因為疫情而不能出門的時候，不難想像外食產業的業績會一落千丈，但是在另一方面，酒及食品的網購業績則扶搖直上，像是線上酒商的營收就一家接著一家地刷新了過去的最高紀錄。

　　將來的遠景愈不明朗，開始為將來做準備而進行資產運用的人也就愈多。當股票交易隨第一次開證券戶以從事投資的人口增加而變多，將有助於提升以賺取交易手續費為獲利來源的證券公司業績。

還有，即使景氣惡化，對維持健康的自我投資也不會減少，因此可以預料到保健業可以在不景氣中存活下來。

擅長投資的人會在不景氣的時候，從「人的行為會有什麼改變？」的角度預測人類行為的變化，選擇投資標的；能想到「正因為現在不景氣，才是開始投資的良機」的人，才有本事逆風賺大錢。

FOCAL POINT

「信用交易」的注意事項

抵押現金或股票向證券公司借錢買賣股票的「信用交易」（可以交易的股票金額大約是擔保品的 3.3 倍），可以在短期內建立龐大的資產，但也可能會在短期內蒙受巨大的損失。

因為是借錢投資，不只要付利息，還設有「反向交易」的期限。所謂的反向交易，是指賣出買進的個股或買進賣出的個股，務必要在到期日前沖銷掉。

由此可知，信用交易不適合中長期投資，只適合用來達成短期的投機目的。只不過，由於設有買賣期限，可能會出現當時還不想賣，卻不得不賣掉的情況。

如果是在自己的資金範圍內投資的「現股交易」，只要這家公司的業績還在成長，就算股價稍微下跌，也能繼續持有。但如果利用信用交易開槓桿，用手頭上少許的資金從事大筆的交易，就算股價只跌了一點點，有時候也可能會被強制賣出股票，因此中長期的投資，請務必以現股交易為主。

不可諱言，在此前提下重點式地善用信用交易，是資產運用效率最大化的手法，如果一定要使用信用交易，請務必徹底理解其性質及原理

後再運用。

以信用交易大量購買流動性比較低的個股，一旦股價下跌，就會變成因信用交易慘遭滑鐵盧，害自己被套牢的負面教材。

即使想賣股票停損，也因為自己賣掉股票的行為會導致股價跌得更慘，陷入想賣也不敢賣的狀況。

另外，最好避免買進現股，以其為擔保從事信用交易的「現股抵押」的作法。如果股價正處於上升趨勢還好，一旦開始下跌，資產就會一口氣縮水，最後可能不得不黯然退出股票市場。

「現股抵押」的原理

只做信用交易　透過信用交易以100萬圓現金買進200萬圓的股票

▼（股價下跌20%）
信用交易的市價為160萬圓（－40萬圓）
信用維持率：37.5%
停損時：戶頭裡只剩下60萬圓
抵押的100萬圓現金本身的擔保價值並沒有改變，因此「信用維持率」仍維持在高水位。

● 何謂「信用維持率」？
信用保證金占「持倉總金額」（買賣成立後尚未反向交易的未交割金額）的比本。初始可以建倉的委託保證金率為33%（持倉愈大，維持率愈低），「信用餘額」則表示以信用維持率為基準計算出來可以交易的金額。

現股抵押　以100萬圓現金買進100萬圓的股票，再以信用交易買進200萬圓的同一支股票

▼（股價下跌20%）
現股的市價為80萬圓（－20萬圓）
信用交易的市價為160萬圓（－40萬圓）
信用維持率：25%
停損時：戶頭裡只剩下40萬圓
做為抵押的100萬圓股票本身的擔保價值下降20%，因此信用維持率急劇惡化，進而提高發生「追加保證金（追繳）」的風險。

● 何謂「追繳」？
從事信用交易時，必須維持固定的擔保（保證金）率。由於融資買進的股票價格下跌（融券賣出的股票價格上漲）造成帳面虧損或擔保跌價而導致擔保價值降低，當擔保（保證金）率低到一定比例（最低維持率）以下時，必須在約定的期限內追加擔保（保證金），稱為「追繳」。

FOCAL POINT

「被洗出場」的三種情況

為了避免黯然退出股票市場，請務必避開以下三種情況，這三種被股市洗出場的情況，皆與信用交易有關。

注意！別讓自己黯然出場

☑ 信用交易的槓桿開太大

☑ 融資捨不得停損

☑ 融券捨不得停損

☑ 〈情況1〉信用交易的槓桿開太大

剛開始投資的人，偶爾會透過信用交易買到飆股，因而大賺一筆。因為賺到錢了，自然會以為信用交易是好東西，但這也是最容易被股市洗出場的情況。

太過於相信買到飆股大賺一筆的成功經驗，**很容易養成透過信用交易追高的習慣，但股票漲得愈兇，重挫的風險也愈大。**只要看錯一次，資產就會大幅縮水，一口氣被洗出場也說不定。

☑ 〈情況2〉 融資捨不得停損

即使信用交易的槓桿並未開得太大，捨不得停損的人遲早還是會被洗出場。不承認自己看錯方向，抱著跌跌不休的股票不放的投資人就是這種情況。

如果持有的是現股，不會被強制停損，但如果是信用交易，必定會遇到非賣不可的情況。

投資人一旦放棄過去大幅上漲的個股，除非有什麼特殊狀況，股價都不會再回到原來的高點，有些股價甚至會跌到只剩下十分之一。

就算買賣現股不會強制停損，可是投資金額減少到只剩下原來的十分之一，蒙受的損失其實也跟信用交易遭斷頭沒兩樣。

☑ 〈情況3〉 融券捨不得停損

投資的世界裡有一句話叫作「做多最多賠掉房子，放空可能會賠上性命」。股價頂多跌到 0 圓的「谷底」，但上漲時沒有「天花板」。因此做多的損失最多是賣掉房子，但放空的損失可能會賠到家破人亡。

尤其是透過信用交易的「融券」，損失沒有上限。賣掉自己的持股稱為「賣現股」，利用信用交易「借券」來賣自己並未持有的股票稱為「賣空」。這是預期股票會下跌先賣空，等股價實際下跌的時候再買回來，從中獲利的手法。

假設以現金買進 100 萬圓的股票，萬一那家公司倒閉，損失也能控制在 100 萬圓的範圍內。但如果是以賣空的方式借 100 萬圓的股票來賣，萬一股價並未如預料中下跌，反而出乎意料地大漲，甚至漲成 10 倍的話，將有 1000 萬圓的損失。

買賣現股，最多就是賠光本金，但獲利無上限。另一方面，透過信用交易的賣空獲利有限，但損失沒有上限。

如果真的要從事信用交易，請務必事先設好停損點。

只買賣現股的話，除非發生什麼特殊情況，否則不太可能會被市場洗出去。當然，即使是買賣現股，比起抱著已經有帳面虧損的股票不放，投資其他上漲的股票更能壓倒性地提高投資報酬率，所以重點在於要根據事先擬定的投資策略，徹底地執行停損。

只要別被股票市場洗出去，從虧損的經驗中也能得到非常好的教訓，成長為成熟的投資人。即使是無往不利，變得富甲一方的世界級投資人，無一不經歷過慘重的虧損。

如果一定要經歷虧損，我建議愈早愈好。可運用資金只有 100 萬圓時，－ 30％只是 30 萬圓的損失；但是當可運用資金來到 1 億圓的狀態，－ 30％就是 3000 萬圓的損失，差了 100 倍之多啊！

趁本金還小的時候，多累積虧損的經驗值。

區分「投資人」
與「一般消費者」的思考模式

因為疫情的關係，無法出門旅行的日子彷彿永無止盡。話說出門旅行訂旅館的時候，你都是怎麼決定的呢？

「我重視性價比，只要夠便宜，很多問題都可以睜一隻眼、閉一隻眼。」

「就算貴一點，我也想住高級飯店。」

有人重視性價比，也有人為了住得輕鬆舒適，寧願多花一點錢也要選擇高級飯店。

這裡有一個重點，那就是「價格」與「價值」的關係。

○一般的消費者＝購買「價格便宜」的東西
◎聰明的投資人＝購買「價格＜價值」的東西

不是只看價格是貴還是便宜，光是能以「是否具有高於這個價格的價值」的角度看世界，應該就能看到與平常不同的景色。

各位可曾聽過「錢愈花愈多」這句話？我個人認為這句話是真的，但是聽過這句話的人，多半無法充分理解這句話的意思吧？

我還在念大學的時候就聽過這句話了，當時的我還沒有開始投資，起初確實覺得「怎麼可能，胡說八道什麼！錢花掉就沒有啦！」（笑）

然而，如今我已經深刻地理解「根據花錢的方法，錢可能會變多再回到自己手中」，只不過，為此必須採取「增加金錢的使用方法」，那就是只把錢花在「價格＜價值」的東西上。「錢愈花愈少」的人，都是以讓金錢減少（價格＞價值）的方法在花錢。

花錢的方法，大致分成「消費」、「浪費」和「投資」三大類。

○消費→用於現在要活下去的錢
╳浪費→花在一路努力過來的自己身上的錢
◎投資→為了未來的自己而花的錢

用於消費（為了活下去）與浪費（為了犒賞自己過去的努力）的錢會愈花愈少。然而，投資（為了未來的自己）反而是花愈多錢、愈能「讓錢變多的使用方法」。

一般的消費者會因為「收入增加了，過得奢侈一點吧」，而搬進房租比較貴的高級社區大樓、換更好更貴的車、去更貴的餐廳吃飯……致力於提升生活水準。

當然，有時也要獎勵一下努力的自己，但隨著「消費」與「浪費」增加，錢自然會減少。如此一來，就會陷入為了得到快樂及快感，就得更努力賺錢的迴圈。

另一方面，花在「投資」上的錢，或許在花掉的瞬間得不到快樂或快感，但是這些錢將來會增加，再回到自己手上。因此聰明的投資人為了成功，必須澈底地理解「消費」、「浪費」與「投資」的差異。

好便宜！♪ 好便宜！

100 300

只要價格夠便宜就買？

這麼好的東西居然這麼便宜？

價格＜價值才買！

234

COVID-19
疫情的影響

FOCAL POINT ——————————

最初的「不對勁」與暴跌的「預兆」

———————————————————————————

　　2020 年的「COVID-19 危機」，造成日經股價在 2020 年 3 月 19 日創低點（日經平均股價 1 萬 6552 圓），在這一章當中，就藉著這件剛剛發生、震盪全球的大事件來帶各位思考，該如何面對全球股價下跌時的狀況。

　　從結論來說，其實早在 COVID-19 危機前就有明顯的預兆了，讓我們依時間順序來看。

2020年2月13日

[出處] Newsweek 日本版

[出處] 福井新聞 ONLINE

左邊的新聞標題是「中國・湖北省的新型冠狀肺炎死者增加到 242 人，為歷來最多」；右邊的新聞標題是「日本有 4 名新型冠狀肺炎重症患者，在郵輪上感染的乘客正接受治療」，新聞內容大要為「在郵輪鑽石公主號上感染 COVID-19 病毒的確診者新增 39 名，其中有 1 名檢疫官也受到感染。截至 11 日的確診者中，4 名患者皆轉為重症。郵輪上的感染者共計 174 人，日本國內的確診者增至 203 人。」

　　首先，COVID-19 病毒自 2020 年 1 月就見諸報端，起初被報導為流行於中國‧武漢的病毒，日本還處於「隔岸觀火」的狀態。

　　進入 2020 年 2 月後，由於大型郵輪「鑽石公主號」發生了集體感染，日本無法再置身事外，開始正式報導此事。原本態度還很樂觀的日本到了這一刻終於意識到「COVID-19 病毒似乎不太好應付」。

　　然而，金融市場完全沒有受到 COVID-19 病毒的影響，仍繼續上漲。2020 年 2 月 13 日的日本經濟新聞發表了以下的報導。

[出處] 日本經濟新聞電子版

　　新聞標題是「道瓊工業平均指數反彈，創下新高點」，新聞內容大要為「道瓊工業平均指數以 2 萬 9551 美元 42 分作收，比前一天漲了 275 美元 08 分（0.9%），創下有史以來最高點。中國當局公布的 COVID-19 最新確診患者的增加比率開始縮小。認為肺災讓將全球經濟暫時下挫的壓力正逐漸緩和。」

　　看到中國的 COVID-19 確診者開始減少的新聞，基於認為對世界經濟影響應該有限的樂觀想法，「道瓊工業平均指數」創下史上最高點。

　　道瓊工業平均指數是指由美國道瓊公司發表，以 30 檔成分股為對象的平均股價值數，又稱「紐約道瓊指數」「道瓊工業指數」。

　　看到道瓊工業平均指數創下史上最高點，日經平均指數也漲到 2 萬 4000 圓左右的高水位。明明世界各國都已經開始出現 COVID-19 的確診者，卻完全沒有反應在股價上。

　　這是最早讓人覺得「不對勁」的地方。

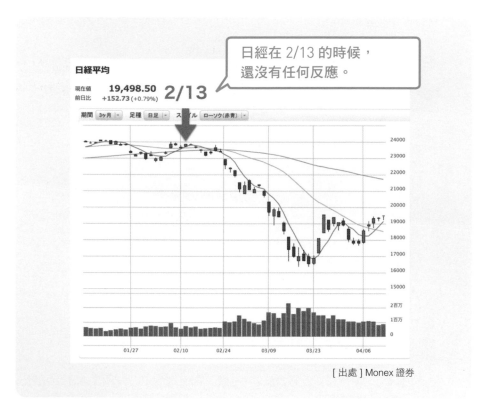

日經在 2/13 的時候，還沒有任何反應。

[出處] Monex 證券

2020/2/18 當天，只有稍微下跌，從日股上面還暫時看不出受到疫情影響的樣子。

2020年2月18日

在那之後，日本國內終於也開始出現許多 COVID-19 的確診者，被媒體大量地報導出來。

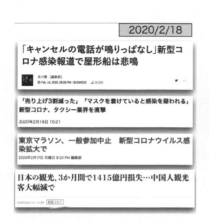

四個新聞截圖的標題由上而下分別為
「取消的電話響個不停」COVID-19 傳染報導令屋形船吃不消
「營業額減少 3 成」「戴口罩就被懷疑是確診者」COVID-19 衝擊計程車業界
東 京 馬 拉 松 禁 止 一 般 民 眾 參 加，COVID-19 確診者日漸增加
日本的觀光業在 3 個月內損失了 1415 億圓……中國觀光客大幅減少

　　光看這些新聞的標題就可以知道，這時已經對實體經濟造成了重大的打擊。再看當天的日經平均股價，只從最高點跌下來一點點，還看不出 COVID-19 對實體經濟的打擊。

　　這時，我已做出為 COVID-19 疫情可能會一發不可收拾、導致股價暴跌的風險做準備的判斷。實體經濟與金融經濟明顯脫勾，因此要為暴跌時買保險。

　　同時也做好了如果 COVID-19 的病毒擴散到全世界、導致股價暴跌時的對策。我建立了一些股價下跌時還能獲利的部位，感覺就像是付「保險費」，萬一股價暴跌，反而能獲得龐大的利益，即使無法獲利，損失也不大。

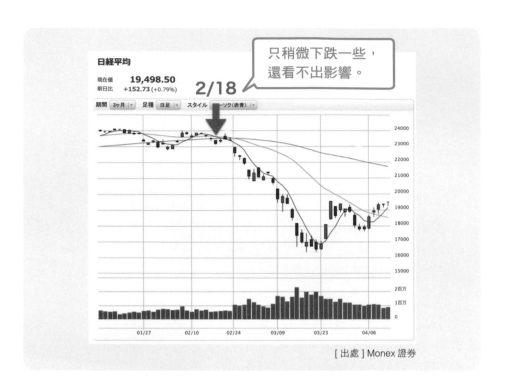

[出處] Monex 證券

FOCAL POINT

全球經濟風暴中，
3 種方法躲過股災

絕大部分的投資人不是想藉由「高買低賣股票」來獲得利益，就是以「買進股票，透過持有來賺取股利」為目的而持有股票。無論是什麼目的，都有一個共通點，那就是「做多股票」（買進持有的狀態）。

當股價上揚時，做多能得到相當大的正報酬；當股價下跌時，就會產生損失。

因此大部分只會買股票的投資人，會在股價暴跌時一口氣失去上漲時得到的獲利，不得不從股票市場黯然退場；但有一部分的投資人，即使在暴跌的局面也能獲得相當大的報酬。

在股價暴跌時退場的投資人與賺大錢的投資人差別，在於有沒有建立「賣出的部位」，也就是「做空」，「賣出的部位」是指股價下跌時也能獲利的部位總稱。

判斷股價將來會下跌先賣出股票，等到真的下跌再買回來，這麼一來，買賣時的價差就會產生獲利。

相較於絕大多數的投資人只會「做多」，避險基金等專業投資人會同時持有「買進的部位」與「賣出的部位」，並且取得平衡。

☑ **買進的部位**

　　判斷股價接下來會成長或股價很便宜的股票

☑ **賣出的部位**

　　判斷股價接下來會衰退或股價有點貴的股票

藉由這樣的投資組合（資產結構），能避開整個股票市場變動時所發生的風險，並從中獲利。

股價具有上漲趨勢時一點一滴地穩健向上攀升、下跌時一口氣重挫的特性。這是因為投資人具有「買的時候很慎重地考慮之後才買進，暴跌時只想不顧一切快點賣掉脫手」的心態使然。

在投資的世界裡，有句知名格言是「別去接掉下來的刀子」，這是因為暴跌時不曉得股價會跌到哪裡，所以絕不能貿然出手。

另一方面，有幾種暴跌時還能獲利的金融商品（以日股為例）。

> （1552）KOKUSAI S&P500 VIX SHORT-TERM FUTURES INDEX ETF
>
> （1571）NEXT FUNDS Nikkei 225 Inverse Index Exchange Traded Fund
>
> （1357）NEXT FUNDS Nikkei 225 Double Inverse Index Exchange Traded Fund

上述的 ETF（指數股票型基金）只是其中幾個例子，這些 ETF 都可以透過買股票的網路證券公司帳戶買進，具有暴跌時會上漲的特性。

「Inverse」是「相反」的意思，日經 Inverse 就是與日經平均指數反向連動的意思，當日經平均指數下跌 10％，日經 Inverse 會上漲 10％；當日經平均指數上漲 20％，日經 Inverse 會下跌 20％。

「Double」是「2 倍」的意思，日經 Double Inverse 的漲跌不僅與日經平均指數反向，而且漲跌幅是 2 倍。當日經平均指數下跌 10％，日經 Double Inverse 會上漲 20％；當日經平均指數上漲 10％，日經 Double Inverse 會下跌 20％。

若加入持有這些金融商品的選項，暴跌時就能採取以下三種策略。

❶ 賣掉所有持股，靜觀其變

　　無論帳面上是賺錢還是賠錢，這時都先全部清空，換成現金。如果最後發現影響沒有想像中那麼大，賣掉可能會上漲的股票等於要承受機會損失的風險，可是萬一股價大幅下跌時也才能全身而退。

❷ 持股不動，買進「VIX」以規避風險

　　更專業一點的作法，也是我實際上面對 COVID-19 危機採取的對策是買進市場不安時股價會上漲的「VIX」（反應美國股票市場預期波動率的指數＝恐慌指數）掛保險。VIX 也可以透過網路證券公司買進。

　　VIX 是利用投資人對未來感到不安時股價會上漲的特性，設計成股價暴跌時能產生高獲利的指數。

　　簡而言之，當整個市場下跌，持股也會下跌，但是可以用 VIX 上漲的部分來彌補這部分的損失。反之，倘若 COVID-19 並未對市場造成太大的影響，買進 VIX 的部分就會產生虧損，這部分就當是「保費」。

買進VIX（美國股票的波動率指數）的判斷過程

2020/2/18

遠藤 洋
僕の場合、今回は以下の数字と雰囲気で地合いを読んでます。

1、コロナの広がり具合
2、人の行動の変化
3、指標（ダウや日経）

17分　いいね！　返信

遠藤 洋
まず、日本国外でコロナの広がり具合がいよいよ臨界点超えたかなぁという雰囲気を感じました。

これは感染場所が不特定多数になり、感染ルートも特定できなくなってきたこととから、このペースでいくと一気に広がるなと思いました。

13分　いいね！　返信

遠藤 洋
この図で言うとちょうど初期市場からメインストリームに推移する可能性高いなというイメージです。

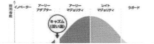

なので、今後感染が拡大した場合、多くの人がやばいと思い始めたら、民衆の行動も変わり（家から出なくなる、旅行やライブをキャンセルするなどして）実体経済に大きな打撃を与えるなと。

5分　いいね！　返信

遠藤 洋
今回僕がとった1552VIXの買いポジションですが、簡単に言うと市場が暴落したらでっかいボーナスが貰える保険みたいなものです。

4分　いいね！　返信

遠藤 洋
もちろんこのままコロナが収束していけば、VIXも下がるため僕は損をするのですが、それは保険料と割り切ってます。

ただ今回、僕は「コロナの拡大によって全体経済に大打撃を与える」という未来にBetしました。

そうならないで欲しいとは思いますが、今のところそうなる可能性が高いと思ってます。

[出處] 投資討論社群 iXi

作者的發文內容簡單摘要如下：「從以下數字解讀行情：（1）疫情蔓延的程度（2）人們的行為變化（3）指標（道瓊或日經）」「評估疫情擴散在國內外都將突破臨界點」「以圖表分析民眾行為將改變、會影響實體經濟」「買了 1552 VIX= 市場萬一暴跌還能牟取暴利的保險」「有可能會賠，但評估疫情蔓延會對整體經濟造成重大的打擊」。

❸ 賣掉所有持股，買進VIX

　　這是同時結合 ❶ 和 ❷ 的方法。如果最後市場大跌特跌，這種作法能賺最多錢。問題是，如果沒有暴跌，損失也會加倍。

　　要採取這三種策略的哪一種作法，依自己能承受的風險及賭股價會跌到什麼程度而異，因此無法一概而論。無論如何，為了保護自己的股票資產，熟悉投資後，不妨也加入「做空」的選項。

　　附帶一提，與 VIX 期貨連動的「（1552）國際標普 500 波動率短期期貨指數 KOKUSAI S&P500 VIX SHORT-TERM FUTURES INDEX ETF」的波動狀態，如下表所示。

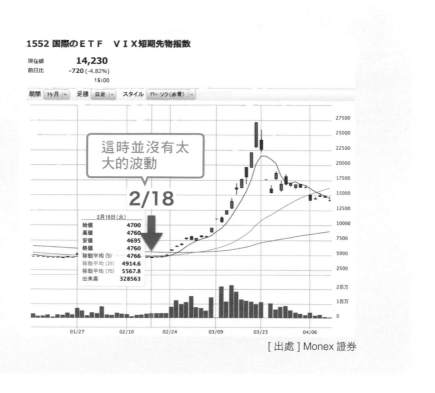

[出處] Monex 證券

2020年2月19日

　　隨著 COVID-19 的疫情愈演愈烈，人潮終於從街上消失了。明明是三連休的第一天，東海道新幹線上卻空蕩蕩。就連平常擠滿觀光客的市場也看不到幾個人。

昨日は西方面へ出張だった。金曜の早朝にしては新幹線は空いていた。そしてさらに、今朝の戻りはご覧の通り凄まじいほどの空席だ。これはのぞみの自由席で撮った写真だが、3連休の初日だってのにこんな空き方は見たことがない。西への出張では毎度激しい呑みになるから週末になることが多い。すなわち、土曜朝の新幹線で東京へと戻ることが多い僕で、四半世紀以上に渡る出張歴でこんな経験はほぼない。さらに京都で驚いた。人が降りないしホームも閑散としていた。会社に戻

[出處] 昭和40年　男

訪日客で混雑していた「京の台所」錦市場も閑散　新型肺炎で「売り上げ3割以下」と店主悲鳴

2020年2月19日 10:30

新型コロナウイルスによる肺炎の感染拡大で、観光客の姿が少なくなった錦市場（17日午前11時7分、京都市中京区）

いつもは満員電車のような混雑の「京の台所」の錦市場（京都市中京区）を買い物客が悠々とすれ違う。「ここ数日、売り上げは例年の3割以下だ。こんなに悪いのは初めてだ」。長年、食料品店を営む男性は嘆く。

[出處] 京都新聞

街から 人が居なくなる

「ベテラン店員は「大震災（2011年）の時より人が減っている」と呆然とする。店員は「消費税の伏線があって、これ（新型コロナ）ですからね」と説明してくれた。和菓子の甘味処であるため中国人客の割合は4分の1に過ぎない。日本人の消費が落ち込んでいる証左だ」

銀座・商店「大震災の時よりも人が減っている」
blogos.com

[出處] BLOGOS

（左）週五早晨、而且是連假三天的第一天，新幹線空蕩蕩。週六早上回程月台上的新幹線也非常空曠，同時幾乎沒有人在京都下車，京都站月台上也沒什麼人。

（中）空蕩蕩的「京都廚房」錦市場，COVID-19 讓「營業額少了三成」老闆叫苦連天。

（右）店員表示客人比震災（2011 年）的時候還少。

2020年2月25日

到了這一天，COVID-19 對經濟的打擊終於反應在股價上，股價跌跌不休。

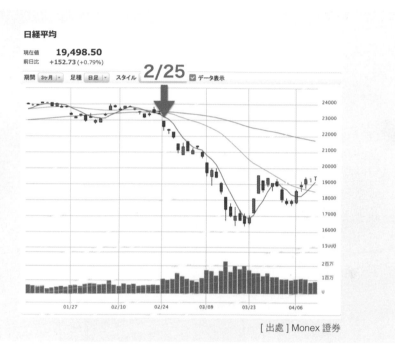

[出處] Monex 證券

像這種因為疫情衝擊而導致股價暴跌會先在新聞及人們的行為變化上出現端倪。儘管如此，反應在股價上卻有時間差。

為各位整理一下，不妨從以下三點來解讀行情（股價波動）。

❶ COVID-19 傳染範圍的擴散程度

❷ 人們的行為變化

❸ 道瓊工業指數或日經平均指數的指標變動

就 ❶ 這點而言，由於傳染範圍為不特定多數，傳染途徑也無從確認，我判斷疫情一口氣擴散開來的可能性很大。因此 ❷ 人們的行為也開始產生變化，東京銀座的人潮銳減，人們紛紛取消旅行或看演唱會的計畫，由此可見 COVID-19 的疫情已經明顯影響到實體經濟。

即便如此，❸ 道瓊工業指數或日經平均指數的指標卻還撐在那裡，並沒有下跌。我覺得實體經濟與金融經濟（股價）產生極大的背離，怎麼想都太奇怪了。上述背離總有一天會修正，所以我如前所述，一面抱緊持股，一面買進 VIX，給自己的投資買保險。

 FOCAL POINT

什麼是「恐慌指數」？

自 COVID-19 開始在全球蔓延的 2020 年 2 月起，我便如前所述地建立賣空的部位，做好股價暴跌的準備。當時我使用一種叫作「VIX」的指數工具，萬一股價暴跌還能獲利，以下將仔細地向各位說明。

VIX 指數是「美國芝加哥選擇權交易所」（CBOE）發明的「波動率指數」簡稱，CBOE 因為在 2017 年 12 月、當比特幣期貨上市時最早搭上順風車而舉世聞名。波動率（Volatility）代表價格波動的程度，價格波動愈大，可以用「波動率較大」來形容。

上述 VIX 指數被用來當成顯示投資人心態的數值，又稱「恐慌指數」。恐慌指數通常在 10 ～ 20 的範圍內波動，具有當市場發生激烈的價格變動時（主要是暴跌時）會迅速上漲，等到價格變動穩定下來後則會下跌的特徵。

簡單形容的話，VIX 指數就像「全力奔跑後的脈搏」。全力奔跑時會急劇上升，穩定下來後會一點一點地降下來，就跟脈搏一樣。

只要能在股市可能要暴跌的時候買進 VIX 指數，暴跌後，等混亂的市場穩定下來再賣掉，就能順利地賺取價差。從過去的股價線圖也能看出每次發生重大的事件後，VIX 指數都會大幅上升。

▶ 暴跌時的 VIX 指數最高點

☑ 2008 年 9 月　　雷曼兄弟倒閉 ⋯⋯⋯⋯⋯⋯⋯⋯⋯⋯ 48.4

☑ 2008 年 10 月　　雷曼風暴 ⋯⋯⋯⋯⋯⋯⋯⋯⋯⋯⋯ 89.53

☑ 2015 年 8 月　　中國放任人民幣快速貶值 ⋯⋯⋯⋯⋯ 53.29

☑ 2018 年 2 月　　美國景氣惡化 ⋯⋯⋯⋯⋯⋯⋯⋯⋯⋯ 50.3

☑ 2020 年 3 月　　COVID-19 危機 ⋯⋯⋯⋯⋯⋯⋯⋯⋯ 85.47

VIX指數的變遷

與雷曼風暴或 COVID-19 危機一樣，2014 年 6 月因為藥事法修正，原則上只能在實體商店購買的第一類醫藥品變成可以在網路上販賣時、2020 年各國政府宣布禁止販賣新的汽油車和柴油車，全面推動電動車（EV）時，這種劇烈的變化都是投資的好機會。

> **▶ 面對突發狀況**

☑ **重新審視持股**

　　頻率:當世界上發生巨大的變化時╱發現投資標的有新消息時

　　目的:配合世界潮流調整投資手法

　　例子:病毒蔓延╱修法╱最高法院的新判例╱恐怖攻擊或戰爭
╱財報造假╱偽造數字╱大股東拋售持股╱大企業破
產倒閉╱各國政府發表方針╱新技術登場╱人們的行
為產生劇烈的變化

　　在可運用資金還不多的時候先經歷過慘重的損失,將來可運用資金
增加時,就不會再犯相同的錯誤,可以減輕虧損更多的風險。

FOCAL POINT ─────────────────

因 COVID-19 危機而上漲的股票

　　日經平均指數因為新冠肺炎危機而大幅下挫,但是在這種情況下,
還是分成大漲的股票與大跌的股票。以下就帶大家分辨在這種情況下,
什麼樣的個股會上漲、什麼樣的個股會下跌。

　　在前文中,我們提到夏普即使推出了口罩這項新商品,對股價卻毫
無影響,但生產口罩及紗布、消毒水、防護衣等醫療用品的廠商「川本
產業」(3604)的股價卻漲翻天。不同於大型股夏普,川本產業是市值
才 80 億圓左右的小型股,因此股價飆漲的速度與口罩的需求成正比。

　　另外,由於愈來愈多人在家上班,以提供網路設備為主的「Serverworks」
(4434)的股價也跟著上漲。Serverworks 的市值約 700 億圓,在小型股

中算是規模比較大的公司，但以整家公司的營收與獲利的比例而言，受到新冠肺炎的影響，網路設備的需要激增，導致股價急漲。

提供線上問診應用程式「CLINICS」給醫療機關，在東證 Mothers 上市的「MEDLEY」（4480）的市值約 1000 億圓，基於投資人對「CLINICS」的期待，股價急遽上揚。

還有，由於長時間不能出門，市值約 800 億圓，提供蔬菜等食品宅配服務的「Oisix ra daichi Inc.」（3182）的股價也表現得很亮眼。

有需求就會有業績！
醫療用品、網路設備、外送宅配等等，
這些都是在疫情之下所產生的需求～

FOCAL POINT

因 COVID-19 危機而下跌的股票

　　新冠肺炎危機導致許多股價下跌，以下為各位介紹其中幾家股價跌得特別慘的公司。

　　首先是對國內外的移動設施下嚴格的限制，因此大型航空公司「日本航空」（9201）、大型旅行社「H.I.S.」（9603）、經營郵輪旅行團預約網站「Best1Cruise」的「Bestone.Com」（6577）等與運輸、旅遊有關的股價全都大幅滑落。

　　此外，隨著各行各業的業績突然惡化，可以想像會先砍掉廣告宣傳費，因此大型廣告公司「電通集團」（4324）的股價也大幅滑落。

　　另一方面，受到疫情的影響，愈來愈多人在家上班，可以想像網際網路的需求將會增加，因此以網路廣告為主力的「Cyber Agent」（4751）的股價跌幅有限，這也是因為 Cyber Agent 的手機遊戲賣得不錯。

　　2020 年 5 月 20 日，Cyber Agent 的市值（賣掉整家公司時的價格）甚至一時超越世界級大型廣告公司電通集團的市值（Cyber Agent 約 5134 億圓，電通集團約 5127 億圓）。

　　電通集團長久以來穩坐廣告業界的第一把交椅，市值居然被新興勢力 Cyber Agent 超越，可以說是象徵時代變化的大事件。

FOCAL POINT

疫情危機帶來的「疫情泡沫」

　　在 COVID-19 危機造成股價暴跌的情況下，日本的中央銀行——日本銀行於 2020 年 3 月 16 日宣布增購 ETF（指數股票型基金，日銀每天都會在網站上公布當天買進的 ETF）。

　　ETF 是指為了達到與日經平均股價或東證股價指數（TOPIX）等股價波動連動的運用結果，在東京證券交易所上市的投資信託工具。

日銀がETF買入増額を発表。今後の狙い目は、売買代金が落ち着いた後の後場！？

ⓐ 2020年3月18日 17:20　☐ NEWS, コラム記事　🖊 吉野 真太郎

2020年3月16日、日銀は緊急の決定会合を開き、年間6兆円を目安にETFを買い入れる現行のルールを変更し、年間12兆円に増額すると発表しました。
これを受けて、株式市場は反発すると思いきや、発表後急下落し、2020年3月18日現在、日経平均株価は17,000円台を割り込み16,000円台となっております。

「なんで日銀が買っているのに、株価は下がるんだろう？」と思われている方も少なくないのではないでしょうか？

増額前には1日あたり約700億円を買い入れていたものが、3月17日には約1,200億円も買い入れています。

[出處] e WARRANT JOURNAL

　　新聞標題是「日銀宣布增購 ETF。今後的目標是交易金額趨於穩定後的後市？」，內容大要為「日銀召開緊急會議，宣布將每年投入約 6 兆圓買進 ETF 的現行政策，增加到一年 12 兆圓。以為股價市場會因此反彈，不料宣布後沒多久又開始下跌，截至 2020 年 3 月 18 日為止，日經平均股價指數跌破 17,000 圓大關，來到 16,000 圓的關卡。」

　　這意味著實體經濟與金融經濟的背離愈來愈大，這樣的現象其實就是所謂的泡沫化。1990 年前後的泡沫經濟、2000 年前後的 IT 泡沫化都是如此，世上沒有不破掉的泡沫。

　　股價因 COVID-19 危機暴跌，與實體經濟背離的金融經濟的泡沫總有一天也會出現破綻，回到與實體經濟相同的水準。將來很可能會發生與「COVID-19 危機」連動的「COVID-19 泡沫」。

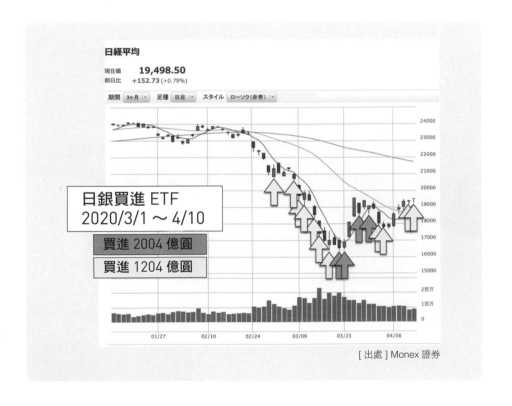

[出處] Monex 證券

　　一國的中央銀行直接買進 ETF（也就是股票），放眼全世界來看，也只有日本才這麼做。美國也祭出了各種金融政策，但中央銀行 FRB（聯邦準備理事會）至今尚未出手直接買股票。

　　中央銀行買進大量的股票，藉此支撐股價固然是一件好事，可是當

政府賣出股票的時候，要由誰來承接呢？

　　假設日銀開始大量拋售持股，股市必然暴跌。正因為如此，除了日本以外的中央銀行都不會藉由買進股票來支撐股價。

　　遺憾的是，日銀買進股票、支撐股價的決策只能說是一種沒有退場的策略，是一意孤行的金融政策。

　　日銀買進 ETF 的行為對投資人心態也造成相當大的影響。說穿了，經濟環境都已經開始惡化了，政府還煽動一般投資人「買進」股票。

　　證券公司的營業員也都說得很好聽：「股價下跌的現在正是好機會！日銀都傾國力買股票了，可見機不可失！」以這種說詞鼓勵投資人買進。

　　但是從實體經濟的角度來看，受到 COVID-19 疫情的影響，扣除一部分的需求以外，需求全都大幅降低，實際上真正破產的公司也不在少數，失業人數更是連創新高。儘管如此，股價居然還上漲，簡直太莫名其妙了。

 FOCAL POINT

因利空消息而上漲的泡沫市場，可以進嗎？

　　受到疫情影響，各國都祭出限制外出或移動的禁令，街道上的商店紛紛拉下鐵門，美國的失業率因此激增。

　　從以下圖表就能看出，美國因新冠肺炎危機新申請失業保險的件數，創下自 1967 年以來的新高，而且還不是普通的高。然而這個數字已經比市場想像的還理想了，所以道瓊工業指數開始回升。

　　當然，美國政府提出的緊急經濟政策或許具有一定的成效，疫情對實體經濟造成無可估計的打擊，而且明明還處於看不到出口、不知何時

才能恢復正常的狀態下，股價卻開始上漲。

雖然不像日本那樣由中央銀行出面購買股票、支撐股價，**但美國的股價仍與實體經濟背道而馳，不斷上漲。實體經濟明顯停滯，只有股價上漲，這也是所謂的泡沫市場。**

看到美國的股價上漲，日本的股票市場也與企業業績惡化的事實脫勾，開始上漲。

> ☑ 公布業績惡化的財報隔天上漲的股價
>
> ☑ 每次出現經濟衰退的新聞都會上漲的日經平均指數
>
> ☑ 付不出房貸的人愈來愈多仍上漲的日經平均指數

股票投資用語中有一個名詞是「死貓跳（Dead Cat Bounce）」，這句話原本的意思是「從高處墜落的話，就連死掉的貓也會跳起來」，指的是市場暴跌後暫時性的反彈。

如同這句話所說，即使是業績惡化到已經回天乏術的公司，股價暴跌之後，也會出現暫時性的反彈。

乍看之下好像股價在打底，為了買在最低點，投資人一窩蜂買進，推升股價暫時性地上漲。但已經宣告死亡的股票，就算暫時反彈，也只是迴光返照，之後一定會下跌。所以請千萬記得，絕對不要出手。

> ☑ **2020 年 3 月 26 日見報的美國彭博社報導**
>
> 美國勞工局於 26 日公布上週新申請失業保險件數暴增到 328 萬件，為史上最多。為了阻止新冠肺炎疫情的持續擴大，停業、裁員的企業愈來愈多。

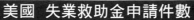

美國　失業救助金申請件數

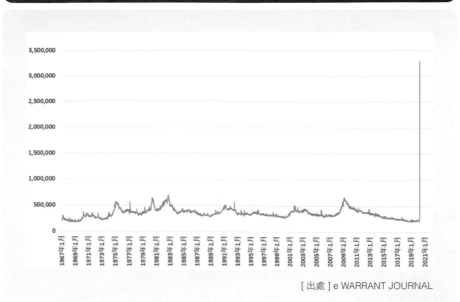

[出處] e WARRANT JOURNAL

 FOCAL POINT ───────────────────────

疫情危機造成經濟停擺

　　為了防止 COVID-19 危機造成景氣急劇惡化，日本政府以「融資」及「紓困金」的方式大撒幣。

　　然而，在經濟的遠景還處於不明朗的狀態下拿到錢，大部分的人都會把收到的錢存起來，不敢亂花，難以指望有多大的經濟效果。

　　無人契約機搜尋網站「ATM 小弟」（https://mujin-keiyakuki.net/）利用網路問卷自動生成工具「Surveroid」，發出了一個關於「10 萬圓的紓

困金花在什麼地方」的問卷調查。根據這項調查，10 萬圓紓困金的用途前三名分別是：第一名「儲蓄、還貸款」，第二名「自肅期間的伙食費」，第三名是「繳房租」。

上述調查結果可解說如下：

- ☑ 大家因為 COVID-19 都無法出門
- ☑ 有許多公司因為經濟惡化而倒閉
- ☑ 國家大撒幣（←來自稅金）
- ☑ 個人、法人戶頭存入現金
- ☑ 未來不透明，不敢花錢，把錢存下來
- ☑ 有很多對經濟不會造成影響的公司紛紛倒閉

無論政府撒再多錢，需求一日不恢復，經濟就不會復甦。在沒有需求的狀態下繼續給個人或企業金錢也無法解決問題。

至於最關鍵的「需求」，隨著 COVID-19 危機造成我們「價值觀與行為的變化」，似乎也與過去截然不同。

隨著生活環境突然改變，行動受到限制，產生了新的價值觀。就算疫情結束，也無法完全恢復原狀，而且疫情或許也無法完全結束。就像季節性的流行性感冒那樣，今後可能每年都會流行一波。

這個世界，已經無法回到疫情發生前的狀態了。

F O C A L　P O I N T

從 COVID-19 危機領悟的事

　　疫情發生前，受到企業的廣告宣傳，即使是原本不覺得有必要的東西，也會讓人相信是「必要的東西」。然而隨著疫情期間半強制的自我約束風氣，行動受到限制，公司讓員工在家上班及大學採取線上教學一口氣蔚為主流，上班、上學不再是絕對必要的行為，人們甚至開始懷疑每天早上擠電車通勤的「民族大移動」究竟有沒有必要。

　　如此這般，大家開始注意到「不必要的事物」。以前視為理所當然的「電車通勤」、「進辦公室上班」、「國內、海外出差」和「員工聚餐」等等，不再是不可或缺的行為。

　　不用再每天早上擠著客滿的電車上班，也不用坐在辦公室裡工作，在家就能完成工作，只要利用電腦或手機的 Zoom 等等視訊會議系統，即使在家也能開會。

　　隨著肺炎疫情蔓延到全世界，全世界都已經建立起經由視訊會議就能討論事情的共識，因此再也不需要支付昂貴的交通費，搭新幹線或飛機移動到國內外出差，就連聚餐也能透過 Zoom 搞定。

　　甚至於談戀愛，有愈來愈多人的價值觀從「想認識許多不認識的人」進化到「想與特定的人建立深刻的關係」，隨著在家度過的時間增加，也有愈來愈多人重新體會到與家人或伴侶的深刻關係有多麼重要。

　　當然，不管是工作還是私生活，直接見到對方也很重要，但至少我們明白了「有些事利用網路也能充分應付」。

　　也就是說，**COVID-19 雖然限制了我們的行動，卻也強迫我們必須從事行為上的斷捨離。**實際放手後，發現很多東西「咦？以前覺得不可或缺，但其實沒有也不會死嘛」。

　　疫情發生前的價值觀並不會完全淘汰，但是應該也有很多人會將因為疫情才領悟到的「全新價值觀」運用在接下來的生活。

FOCAL POINT

後疫情時代的股票投資

對應防疫生活時代「全新價值觀」的股票投資，必須與疫情發生前的價值觀並存才行。

隨著引進新的價值觀，必須預測可能會發生的投資風險，準備好對策。

如前所述，散戶基本上多半只會「做多」，因此股價上升時會賺錢，下跌時就賠錢。另一方面，專業投資人幾乎都能同時持有「做多」與「做空」的部位，因此不管股票市場上漲或下跌都能獲利。

同時持有「做多」與「做空」的部位，大概是以下這種概念。

疫情發生前的價值觀並不會完全淘汰，但是應該也有很多人會將因為疫情才領悟到的「全新價值觀」運用在接下來的生活。

> **做多**

　◎ 接下來有成長空間的個股
　◎ 超跌的個股

> **做空**

　✕ 接下來可能會衰退的個股
　✕ 超漲的個股

舉例來說，因為疫情的關係，很多人都在家裡上班，外食及出遠門的需要減少時，就可以持有以下的部位。

> **做多**

◎ 線上會議服務

◎ 網路資安

◎ 餐飲外帶服務

◎ 線上購物

◎ 線上廣告

> **做空**

× 出租會議室

× 經營辦公室

× 航空公司

× 餐廳

× 實體廣告

藉由持有這些部位，不管整個股票市場是上漲或下跌，只要股價的波動還在預料之中，就能從中獲利。

只不過，這種迴避風險的作法也不是沒有缺點，迴避掉風險的同時，自然也別指望能得到巨大的獲利。

COLUMN 8

分辨「變動的事物」與「不會變動的事物」

　　每次有人問我：「哪些公司的股票會上漲？」我都會回答：「提供大家想要的商品、服務的公司。」無論時代如何變遷，這個原理原則都不會改變。

　　只要提供大家想要的商品、服務，而且大家都去購買，那家公司的業績就會成長。反之，業績就會衰退。

　　提起一件古早的往事，1956 年（昭和 31 年）的經濟白皮書明確寫著「已經不再是戰後了」，當日本宣布戰後復興大業告一段落，洗衣機、冰箱、黑白電視等三種家電被譽為「三大神器」，人人都想要。

　　因此，松下電器產業（現在的國際牌）及日立製作所、東京芝浦電氣（現在的東芝）等公司皆大幅成長。

　　那麼現在的時代又如何呢？洗衣機、冰箱、電視、電鍋、冷氣空調、微波爐等家電都已經變得稀鬆平常，市場趨於飽和。

　　日本大型家電廠商的股價之所以不再成長，是因為被海外廠商搶走了優勢，「無法再提供人人想要的商品、服務」。

　　那麼此時此刻，世人都在追求什麼樣的商品、服務呢？正因為大家的需求轉變，同時也是財富重分配的大好時機。COVID-19 疫情的蔓延，一舉改變世人的價值觀，人們的行為也因此產生了巨大的變化。

　　疫情固然帶來重大的打擊，可是在另一方面，人們的需求及消費行為也產生了戲劇化的變動。

　　正因為人們的需求產生這樣的變化，急速成長的公司（小型股）才應運而生。

❯ COVID-19 疫情造成價值觀的變化

☑ **商業模式的變化**

  Before　開拓新顧客、市場

  After　　與現有的顧客保持更直接緊密的關係

☑ **生活形態的變化**

  Before　住在市中心通勤上班

  After　　住在市中心以外的地方線上工作

☑ **社交習慣的變化**

  Before　與不特定多數人維持表面上的交往

  After　　與特定少數人進行深入的交往

☑ **辦公室的變化**

  Before　位於市中心地段最好的新大樓

  After　　幾乎不需要

☑ **人事考核的變化**

  Before　依照年資升職、時薪制度、靠感覺評分、抓重點評分

  After　　遠距工作導致結果主義

☑ **金錢的變化**

  Before　經濟自由才是成功的人生

  After　　充實地過日子還能賺錢

集中投資小型股想要無往不利的話，必須符合一個重點，那就是要分辨「變動的事物」與「不會變動的事物」。

普羅大眾的焦點很容易集中在「變動的事物」上，但是這樣會一直被眼前的狀況或社會上的變化耍得團團轉。

動不動就「變動的事物」並非本質，無論是投資還是商業行為、人際關係，為了理解事物的本質，都必須把重點放在「不會變動的事物」上。

COVID-19 疫情的蔓延不由分說地限制了我們的行動，但愈是發生這種變化的時候，愈適合用來分辨「變動的事物」與「不會變動的事物」。

舉例來說，疫情讓人們不得不待在家裡，減少去餐廳吃飯的機會，取而代之的是「線上聚餐」的需求增加了。還有，在線上討論工作、與朋友喝茶、打麻將或唱歌的需求也增加了。

即使方法從去餐廳變成線上，**「想與別人交流」的需求及欲望也不會改變。**

餐廳紛紛縮短營業時間，減少了外食的需求，取而代之的是外送美食的需求有增無減。這也是因為即使手段從外食變成網購，「想吃美食」的需求及欲望也不會改變。

只要能聚焦於「不會變動的事物」，從事本質上的投資，無論世界如何改變，也能從容不迫地應對。

世上所有的事物都能分成「變動的事物」與「不會變動的事物」。「變動的事物」走在流行最尖端，看起來有型有款，令所有人趨之若鶩，所以股價也會急速上漲。但真正重要的是聚焦於「不會變動的事物」，從事本質上的投資。

這麼一來，相信大家就能更清楚地看見社會上的流行脈動與瞬息萬變的事物本質，做出冷靜的投資判斷。

投資股票，是為了讓實體經濟更好

　　我的前一本著作很榮幸受到各位讀者的踴躍支持，而本書是由更深入、更有實踐性的內容構成。

　　為了讓剛開始投資的人也能更容易理解，盡量避開艱深的部分，內容著重於「本質上的理解」，而非小聰明的技巧。

　　為了讓讀者理解本質，也加入了許多比喻及舉例。嚴格來說或許有些說明得不是那麼貼切的地方，但這是以「理解」為優先的結果，而不是那些枝微末節的部分。

　　因為對未來的不安、前途茫茫的不確定感、COVID-19 造成價值觀的變化等等，接下來打算開始投資的人也增加了。

　　上班族對於只活在付出「勞力」以換得薪水的實體經濟圈感到不滿足，認為往後必須將自己的資產運用在「投資」的金融經濟圈裡。

　　投資時，最重要的一點莫過於「莫忘本質」。

　　在金融經濟的世界裡，人經常會隨著行為或情緒的變化，採取許多暫時脫離本質的行動。這時只要能冷靜地看清本質，做出判斷，大概就能持續增加中長期的資產。

　　然而，一旦迷失本質，只看到眼前的利益而無法做出冷靜的判斷，好不容易建立起來的資產說不定會狠狠地縮水。

　　實體經濟也好，金融經濟也罷，本質都是「為大家帶來幸福」。無

法為大家帶來幸福的事業都撐不久，無法為大家帶來幸福的公司，股票也沒有長久的成長空間，這就是所謂的本質。

只要你能順應本質投資，資產就會增加，你的投資也會讓世界變得更有趣，為大家帶來幸福。

金融經濟的目的原本是為了協助實體經濟，結果卻狠狠拋開實體經濟，自行膨脹起來，而且還擁有對實體經濟造成重大影響的力量。

上述金融經濟的推手其實就是我們這些投資人，投資人只要好好地順應本質投資，實體經濟也會從本質上獲得改善。

然而投資人如果只看重眼前的利益，進行短視近利的投資，就很難透過金融經濟讓實體經濟變好。

只要看清本質投資，因此賺錢的投資人愈來愈多，相信這個世界一定會變得更有趣。

為了在投資股票時百戰百勝，重點在於「不要被洗出場」。

即使偶然間搭上上漲的順風車，一時間賺得缽滿盆滿，後來又因為股市暴跌而失去一切，不得不黯然退出市場的投資人屢見不鮮，搞到最後好像是為了賠錢才去投資。

只要別被洗出場，下個機會遲早會來臨。投資股票可以事先想到最糟的情況，但大部分人在投資的時候都只描繪「賺錢的遠景」，卻沒有想到萬一事與願違的時候該怎麼辦，等到全部的身家都跌落谷底，才驚慌失措地說：「沒想到事情會變成這樣……」

別再自欺欺人了，那才不是「沒想到」，而是根本「沒去想」！

「總資產減少 3 成，就要休息」，開公司也是同樣的道理，當損失達到全體的 3 成，就必須先停損再捲土重來。然而，一旦損失達 3 成以上，停損或捲土重來都會變得極為困難，因為停損本身就是一件很不容易的事。

萬一總資產減少 3 成，就請暫時放掉股票，休養生息。等到腦子冷靜下來，再重新回到投資的世界，這種別把自己逼得太緊的心態至關重要。

最後，非常感謝鑽石社的齋藤順先生在編輯本書的時候，不厭其煩地檢查我彆腳的文章，加以修正。感謝插畫家伊藤倉鼠先生以傳神的插畫完美地呈現我想表達的東西。感謝負責設計整本書的設計師渡邊雄哉先生將整本書設計得淺顯易懂。感謝投資投資社群網站 iXi 的各位小伙伴，給了我許多手撰寫本書的靈感。真的非常感謝大家。

本書的內容也有不少較為深入的內容，或許有人會覺得有點難以理解，但這些都是我認為實際開始投資後，一定能派上用場，充滿實踐性的內容。

如果這本書能幫助各位讀者增加資產、人生過得更加充實，身為作者也感到無上光榮。

2020 年 11 月
寫於東京中城
遠藤 洋

B
business
03

我用 3 萬月薪，只買雪球小型股，狠賺 3000 萬

選股達人專挑「1 年漲 3 倍」的小型股，3 萬本金打造 100% 獲利的千萬退休金

作　　者／遠藤洋
譯　　者／賴惠鈴
封面設計／萬勝安
內文設計／楊雅屏
內文排版／楊雅屏
選 書 人（書籍企劃）／賴秉薇
責任編輯／賴秉薇

出　　版／境好出版事業有限公司
總 編 輯／黃文慧
主　　編／賴秉薇、蕭歆儀、周書宇
行銷經理／吳孟蓉
會計行政／簡佩鈺
地　　址／10491 台北市中山區松江路 131-6 號 3 樓
粉 絲 團／https://www.facebook.com/JinghaoBOOK
電　　話／(02)2516-6892
傳　　真／(02)2516-6891

發　　行／采實文化事業股份有限公司
地　　址／10457 台北市中山區南京東路二段 95 號 9 樓
電　　話／(02)2511-9798　傳真：(02)2571-3298
電子信箱／acme@acmebook.com.tw
采實官網／www.acmebook.com.tw

法律顧問／第一國際法律事務所 余淑杏律師

ISBN ／ 978-626-95307-4-8
定　　價／ 380 元
初版二刷／ 2021 年 12 月

10MAN-EN KARA HAJIMERU! KOGATAKABU SHUCHUTOSHI DE 1 OKU-EN JISSEN BIBLE
by Hiroshi Endo
Copyright © 2020 Hiroshi Endo
Traditional Chinese translation copyright ©2021 by JingHao Publishing Co., Ltd.
All rights reserved.
Original Japanese language edition published by Diamond, Inc.
Traditional Chinese translation rights arranged with Diamond, Inc.
through Keio Cultural Enterprise Co., Ltd., Taiwan.

國家圖書館出版品預行編目資料

我用 3 萬月薪，只買雪球小型股，狠賺 3000 萬：選股達人專挑「1 年漲 3 倍」的小型股。3 萬本金打造 100%
獲利的千萬退休金 / 遠藤洋著；賴惠鈴譯 . -- 初版 . -- 臺北市：境好出版事業有限公司出版：采實文化事業股份有
限公司發行, 2021.12
　　面；　公分
譯自：10 万円から始める！小型株集中投資で 1 億円 実践バイブル
ISBN 978-626-95307-4-8（平裝）
1. 股票投資　2. 投資技術　3. 投資分析
563.53　110018735